喫茶店のマスターは霊能者

不思議な力で
マスターが
解決する
8つの物語

三好一郎

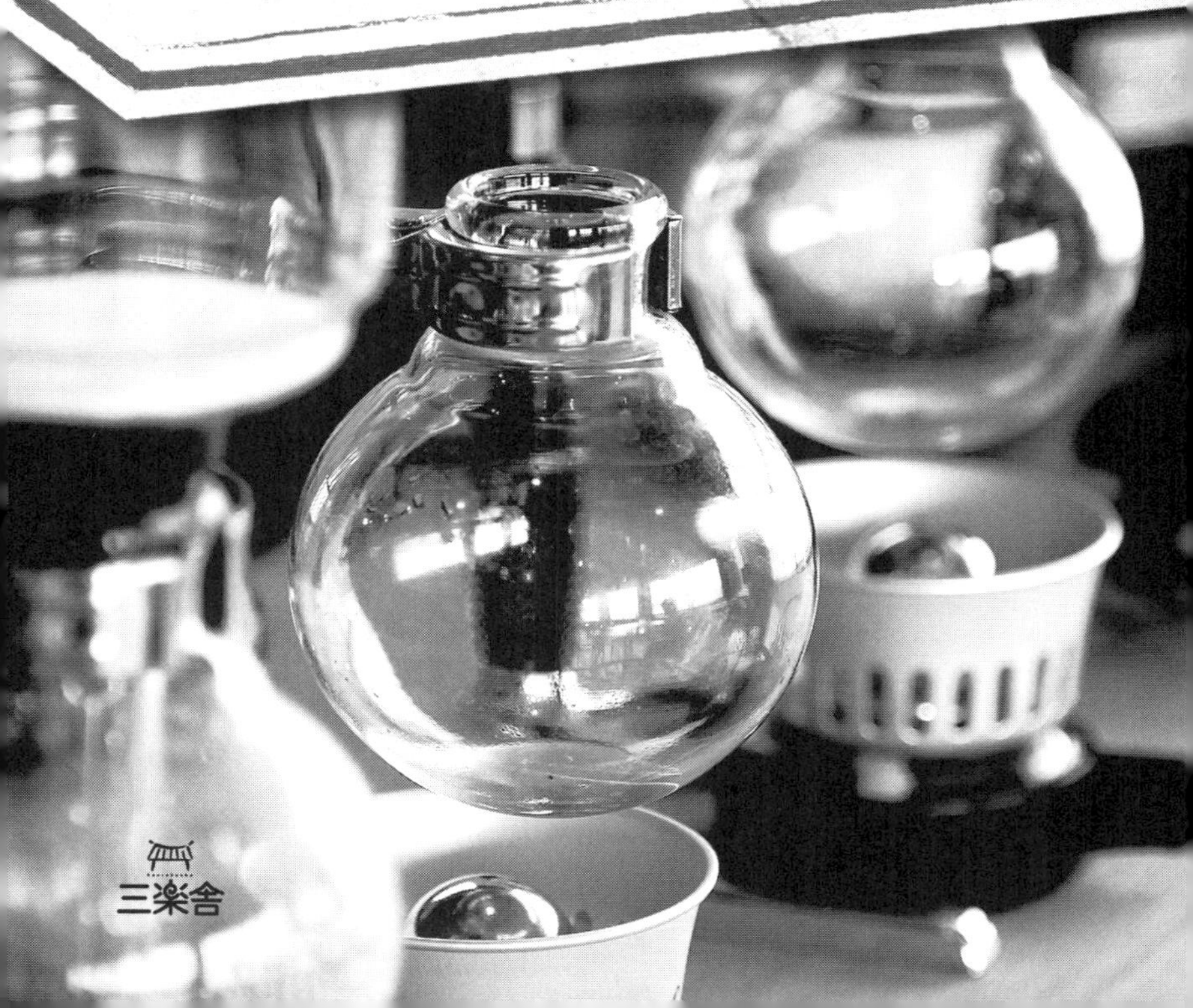

三楽舎

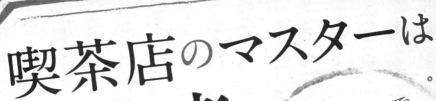

まえがき

あなたの身近でこんな不思議なこと、ありませんか？

絶対にけがをしてもおかしくない状況にもかかわらず無傷に終わった。

何だか知らないけど、ざわざわした感じがする。

宿泊先のホテルで気味が悪くて眠れない。

突然、物が消えて、関係ないところからひょっこり出てくる。

まだまだ、科学だけでは解明できない不思議なことはたくさんあります。

本書は、そんな誰にでも起こりうる不思議なことからはじまり、人間の力では及ばないところでの問題解決の方法、運気を変えていくための具体的な手法をお伝えしています。

私たちは、この地球で肉体を持って生きています。
そこには、脈々と続く先祖からの魂のリレーがあります。

努力をしても報われない人。
スイスイなんでもうまくいってしまう人。

「ズルイじゃないか」

「ああ、なんてラッキーなんだ」

さまざまですね。

もちろん、そこには努力や工夫、学びという人間の力によるものが大きいです。

しかし、人間の努力を超えた力も間違いなくはたらいています。

私は、そこにはたらく先祖の力、守護霊についての研究をしてまいりました。

「ありがとう」を毎日１００回言っても、その人の過去から続く血脈が因縁を解消できていないのであれば、起こりうるアクシデントを失くすことはできません。

しかし、それでは、なんだかやる気をなくしてしまいますよね。

そこで、８つの物語を通して、摩訶不思議なかにある、意味、捉え方、そして今生きている私たちで改善できることをお伝えしていきます。

本書は、数年前に神官の資格を戴いて以来、お祓い、地鎮祭、そして病気平癒などの祈願を行っているうちにあらゆる種類の悩みごとの相談を受けることが多くなり、みなさんのご相談の中から、よくいただいた内容を、８つの物語として書いています。

先祖の因縁。

先祖のお祀りをしていない。

土地の未浄化。

人からの恨みなどが原因で苦労されている方。

様々な悩みを抱えた方々にたくさん会いました。

たとえば、金銭問題で困っている人を見てみますと、先祖が人から不当にお金をまき上げていたり、周りの人々を苦しめてきたような経緯があり、その因縁が、子孫である人の今生で何倍かに膨らんで戻ってきているようです。

なぜ、こんなことが起きるのかと、つくづくいやになってしまう前に、それらの因縁を自分のところで消してしまえばいいのです。

そして、高い存在とつながることであなたの人生は格段にアップしていきます。

喫茶店「玉や」のマスターは、霊能力で色々な現代の問題を解決していきます。

あなたのまわりにもいそうな相談者さんが登場しますから、その相談者を通して見えない力が及ぼす世界を知ってほしいと思います。

そして、私たちが生きていくうえで必要な、見えない存在との共存共栄を果たし根本からの幸せをつかんでほしいと思います。

――いつもあなたを守ってくれている守護霊さまに感謝するとともに――

三好一郎

第三章 不倫の代償
霊的アプローチで泥沼恋愛から目が醒める

第四章 職場の嫌な相手との毎日
明日また会社へ行くのが嫌だと思っているあなたへ

第五章

生霊を生み出す恨みの念

憎しみの怖さを身をもって知る

第六章

「熟年離婚」という夫婦としての修行

ちょっと待って!! 離婚する前にもう一度

第七章

変な音が聞こえてくる家

「ラップ音」は先祖があなたに語りかけているメッセージ

第八章

天国のペットからのメッセージ

第一章

突然聴こえだした声

なぞの喫茶店「玉や」

ここ港区浜松町の駅前は、特に朝夕は喧噪とした時間がつづく。

山手線、京浜東北線が車輛に満杯の人々を乗せ、ここで一気に吐き出し、大きな流れは改札から外へ、もうひとつは羽田へと続く東京モノレール改札口へと二本の帯の様に流れている。

私が、よく行く喫茶店は、世界貿易センタービルそばの通りを一本入ったところにある、もう二、三十年は営業しているんじゃないかと思う、そこそこ古い店で、うまいコーヒーを出してくれる。ただ、よく行くとはいっても、朝はぎりぎりで会社に飛び込むから、コーヒーどころではなく、営業の合間の時間調整か、会社の帰りで一人の時に行くくらいだ。何で、この店に行くのかというと、ちょっと説明をしないとならない。

何軒かある喫茶店で、どの店にしようかと考えていたところ、たまたま駅の近くだったことと、入り口がマスターの趣味なのか木製のドアで、いまどき手で押さなければ入れないのが面白いからだ。

そして、窓の枠も木製で、塗ってあるペンキが所どころ剥げかかっているが、その雰囲気がレトロな感じで気に入り通っている。

面白そうなのは外観だけで、店の中に入れば雰囲気は明るくもなくかといって暗くもない、よくある喫茶店だ。落ち着いた雰囲気があるが特に特徴のある店ではない。

しかし、面白そうと感じたのには、もう一つ理由があり、これがこのお店に通う様になった本当の理由だ。それはこの店のマスターが霊能者で、ここに来ると不思議な話を聞くことができるのである。話聞きたさに通ううちに四年も経ってしまった。

喫茶店の名前は「玉や」。なんだか花火のかけ声みたいだ。面白い名前なので、マスターに名前の由来を聞いてみたところ、マスターの名前が山田で単にひっくり返しただけとのことだった。

霊能者だけに「たま」は魂、霊とも書き換えることができるので本当には、そんな意味もあるのではないだろうか。

ところで、私のことを紹介をしていなかったので、ここで紹介をさせていただくと、名前は佐々木勇、二十九歳のサラリーマンで独身。別な会社に勤めている彼女がいるが、結婚の予定はまだない。事務機器を取り扱う小さな会社の営業部でずっと仕事をしている。

喫茶店「玉や」に話をもどそう。店には、マスターの他に奥さんと、朝と夕方の忙しくなる時だけ手伝っているアルバイトの女性の三人で、お客を手際よくこなしている。朝夕のお客の入りを見ると四十〜五十人は出入りしているので、経営はまあまあ順調なところかと思う。それと、どこの飲食店でもよくあるように、店は奥さんが切り盛りし、マスターはどちらかというと使われている従業員の感じだ。

奥さんに何か言われると「はい、はい」と何でも素直に聞いている。

なんにも文句も言わないのをみると、昔何かあって弱みでも握られているのかなとか、邪推してしまう。

しかし、マスターの淹れるコーヒーはうまい。

他の店と飲み比べてみると、コクと香りが抜群に良いのである。

しかし、豆はどこ産で、焙煎はこんな風に、水はどこかの湧水で…みたいなうんちくは一切ない。うんちくもない代わりに、特に、すごく良い水を使っているということもないようだ。ただ他の店と淹れ方が違うのは、お湯の入ったフラスコに向かって何か『むにょ、むにょ』と言っていることだけだ。

だが、それがべらぼうにうまくなる理由ではないかと思う。

今度、その『むにょ、むにょ』の意味を聞いてみることにしようと思いつつ言い出せないでいる。

あ、言い忘れるところだったが、マスターはどんな容姿かといえば、背の高さは一七五センチくらいで、体重は七十キロぐらい。

体型は若い時とあまり変わっていないとのことで、この体型であれば結構女性にもてたんじゃないかなと思ったが、これについてはなかなか聞くわけもいかない。

服装はといえば、いわゆる喫茶店の制服で、白いワイシャツに黒のベスト。そしてお決まりの蝶ネクタイで、ビッシっと決まっている。

髪は白いものを少し見かけるようだが、少々長めで後ろで束ねてちょんまげの様になっていてなかなか似合っている。

もう一つ、マスターの特徴は目つきで、いつも接客の時は切れ長の優しい目つきだが、お客様からの相談を受けアドバイスをしている時は、なんでそうなるのかと思うほど、切れ長の眼がキッとした鋭い感じになり、近寄り難く冗談を言えない雰囲気となってしまう。それは、不動明王の仏像の後ろに見かける、メラメラと燃え盛る炎が熱く、そばに寄れないような感じだ。

コーヒーは、マスターのこだわりなのか、お客一人ひとりにサイホンで淹れてくれる。

　こんなこだわりは、お客とすればうれしい。

　コーヒーを淹れるのをいつも横で見ているが、結構面白い。

　でも、同じように自分で淹れたら、美味いコーヒーが淹れられるかといえば、『無理でしょう』の答えが出るんじゃないだろうか。

　マスターはいつもコーヒーを、同じ仕様で淹れているが、その淹れ方を、しょっちゅう見ていて覚えているのでご説明しよう。

　コーヒーを入れる水は、ペットボトルの普通に市販されている水で、特に拘ってはいないとのこと。

　そして、その水をホーローのケトルに入れガスで沸かす。

　前もってお湯を入れ温めておいたフラスコに注ぎ入れてから、両手でフラスコを包むようにして不思議としか言えない『むにょ、むにょ』を二、三秒やって、その外側に付いた水分をよく拭き取り、アルコールランプで中に入れたお湯を、さらに沸かしている。

そして、同時にロートにフイルターを固定して、お客の注文に応じて、ブレンドコーヒーかストレートコーヒー粉を一人分計量カップ入れている。

　フラスコのお湯が沸騰してくると、ロートをフラスコにセットして、ロートにお湯が上がり、アルコールランプを少しずらしてから、これは普通の竹べらなんでしょうが、ゆっくりと何回も撹拌している。

　その頃には、コーヒーのいい香りが、側の私のところまで漂ってくるから、その匂いを胸いっぱい吸い込んで、『ウーン美味い』と一人悦に入っているんだが、これはマスターには聞こえていない様だ。

　ロートに上がっているコーヒ―を見てから、ランプの灯を消すと、抽出したコーヒーがフラスコに一気に落ちてくるので、フラスコに溜まるが、次にロートを外して再度フラスコを温めてから、もちろん温めてあるコーヒーカップに注いで、注文主であるお客に『どうぞ』と差し出している。

そこで、いつも思うのだがフラスコにコーヒーが少し残っているのが、何かもったいないようで、それを少し自分に回して欲しいと。ここまで話すと、随分と長い動作の様だが、一連の動作は、アッという間のことで、プロは滑らかな動きだから、やはり芸術の域に至っているようだ。

この動作を、プロは誰でもやっているから、どこの部分が他のコーヒー店と違う美味さが出せるのか、いつ見てもわからないので、美味しさの原因と思われる『むにょむにょ』についてをマスターに今度こそ聞いてみることにしよう。

「視えてしまう」娘

今日は、火曜日の午後三時だ。いつもだと、この時間、そろそろ来てもいい頃と思いつつ、カウンターの奥から二番目の席で、本日特製の玉やブレンドコーヒーを、砂糖とミルクをほんの少しだけ入れ飲んでいる。

まだ来ないかなと思っていると、『噂をすれば影』来ましたよ。小さなキャリーケースを、ガラガラと引いた中年の女性が入り口に。

今日は十月に入っても、まだそんなに寒くないので、薄手の紺の長そでブラウスに白いスラックスをはいている。

相談に来る人の多くを見ているが、みんな、何となく暗く下を向いて店に入って来るのだが、今回の女性も案に違《たが》わず下を向きながら、カウンターに向かい歩いてきた。

アルバイトの女性は、坂本さんというのを最近知ったのだが、ドアのところで、その坂本さんに何か話しかけ、それから、カウンターへとガラガラとスーツケースを引きながら来た。

マスターは、分かっていたかのように、サイホンにコーヒー豆を入れ、下のランプに火を付けて準備を始めている。

「あのー、ここに座ってもいいですか」

「今は、空いているのでどこでもいいですよ」とマスターは、女性には特に優しいみたいで、その優しい口調で答え、女性はホッと安心したように、私の定位置であるかどうかはっきりしないけれど、私の座っているカウンターテーブルの二つ隣の椅子に腰かけた。マスターがスッと出したコップの水を一口飲んで「あのー」と話し出した。

気にしない風を装い、目は窓の外でも、耳だけは、二つ隣の席の音声をキャッチできるように集中している。

この店に通い始めてから、変な趣味を持つようになってしまった。それはこの店にマスターに相談に来る人の話を聞くことだ。

「ご注文は」

「コーヒーを」

「玉やブレンドでいいですね」

「はい」

「あのー、私、長崎の諫早《いさはや》から来たのですが」

「コーヒー、どうぞ」

コーヒーは、その女性が座る前から準備しているので、出るのが早い。

マスターは、相談を受けるのが嫌なのか、良いのかわからないし、飲んだら帰ってもらおうと思っているのか、最初の水を出すのも、コーヒーを出すのも早過ぎる。

「実は、十七歳の娘のことで相談したいのですが。娘は、時々誰もいないところから声が聞こえたり、道を歩いていて霊の様なものが見えるというのです。それで、霊能者になりたいなんて言い出して困っているんです」

「なるほど」

「娘は、テレビなんかで、心霊とか、霊能者の番組が放送されているのを見て、ある霊能者の先生の所へ弟子入りしたいとかまで言い出しているんです」

と、ここまで話すと、フーと一息吐き出し話を続ける。

「それで、どうしていいかわからなくなり、友人に相談したんですが、笑われてお終いだし、主人は相談にならないので、病院の精神科で診てもらった方がいいのかなとか考えたりして困っていたんです。そうしているうちに、幸いなことに東京で仕事をしている友人が、先日長崎の実家に帰ってきた時に会いまして、玉やさんのことをお聞きしたので、取るものも取り合えず、こうしてご相談にお伺いさせていただきました」

「それは、遠いところからわざわざおいでいただきありがとうございます。期待に沿うようなお話ができるかわかりませんけれどご相談に乗ることはできますので、それでもよろしいですか」

「はい、お話させていただくだけでも結構ですし、もちろんそのつもりでまいりましたから」

ここまでの話を聞くだけでも、親というのは子どもに対して大変な情愛を持っているんだなと思う。飛行機でこうして東京まで来てそのかかった経費もそれなりだろう。しかし、それもいとわず娘のためにと、マスターに必死で迫っている。

どこの親も同じなんだろうが、この場面は、子を思う母親の強い思いを感じる。私も何年か先には、子どもを持ち父親として家族を守り、育てていくことになるんだろうけれど、こんなに強い気持ちを持てるのだろうか。経験もないからだろうが、自分のことはよくわからない。

こんな風に迫ってくる女性に対して、マスターは毎回、相談者の修羅場の処理を心得、いろいろな経験しているからなのだろうか、淡々と対応している。

「娘さんは、いつ頃から視えるとか、聴こえるとか言うようになったんですか」

「小学六年生頃からだったと思うのですけれど、初めの頃はそれほどでもなかったようで、当時、言われた私も、そんな霊などには知識も、興味もなかったので、馬鹿な冗談を言っているくらいにしか受け取っていなかったのです。

しかし、ここ一年くらいは、夕方、部活からの帰りには電柱の陰とか、ガードレールの陰などに黒い塊がいるのが視え、側を通る時に『私の言うことを聞けば、何でもわかる様になる。視えるようになる』そして、『予言も出来るよ』という声が聴こえたり、黒っぽい姿が視えるとか、ありえないことを言う頻度が多くなってきました。娘の性格もそれに伴い、何かにつけて、イラつくようになり、親にも食って掛かるようになってきています。そんな状態でしたが、今回お伺いした一番の理由は、その霊とやらから、娘が『明日、クラスメイトのA子がケガをする』と予言を受けたと言っていたのを聞いたことです。

それは、休み時間にクラスの仲間と階段で遊んでいたところ、階段を踏み外したんでしょうか、A子ちゃんがそこから転げ落ち、足を骨折してしまうということがあり、まさに予言的中となりまして、それ以来娘は、その霊らしきものがいう話を信じ始めています」

「あなたは、母親の立場で、娘さんをどのようにしたらいいと考えていますか」

「このまま、変なことを言うようなことが続くなら、病院に行き精神科の治療を受けさせようと思うのですが」

「そうですね、一般的な親の立場であれば、そのような答えを出すでしょう。しかし、ご主人が頼りにならないというのは、ちょっと残念です。

いざという時に頼りになるべきは本来、家の主なんですけどね」

マスターも、ご主人が引いているというのを聞いて、思案した顔で黙っている。マスターが、こんな風に思案する時はいつも決まって、右耳に右手を当てて黙って何か聞いている様なポーズをとっているが、今もそんなポーズのまま少しの沈黙が続き、マスターがまた話はじめた。

「本当は、ここに娘さんと一緒に来たら良かったんですけれど」

「今高校へ通っているので、どうしても。それで、私だけでこちらにお伺いしたのです」

新しいお客さんが来たので、アルバイトの坂本さんが注文を取り「マスター、アイスツーお願いします」とオーダーが入り、会話は中断してしまった。

しかし、その女性は逆に息継ぎが出来たのか、コーヒーを続けてカップ半分ほど飲み、ホッとした感じに見えた。

私は、そろそろ仕事に戻らないとならないかと腕時計を見れば、まだ三時七分過ぎなので、時間は十分にありそうだ。この続きは聞かなければと、冷たくなったカップに残っていたコーヒーを一口飲んだ。

　アイスコーヒーのオーダーが一段落したので、マスターが再び会話の席に戻ってきた。

「お話の相談は受けてもいいのですが、時間は皆さんから了解を頂いている三十分位でいいですか。それと、あなたのお名前を伺っていなかったのと、住所も差し支えなければ教えていただけますか」

「すみません。緊張していたものですから、つい忘れてしまい、最初に名前をお伝えもせずに申し訳ありません。これに、住所と電話番号、私の名前と娘の名前を書いてありますので、よろしくお願いします」

　二つ席隣りの、バッグから取り出したその用紙を見ると、Ａ４サイズの便せんに丁寧な字で、名前、住所が書いてあるのが見えた。ただ、横目で見ているので詳しく何が書いてあるのかは読めない。

「相田さんですね」

「はい」

「あなたは、几帳面なお方のようにお見受けました。何か、信心している宗教はあるのですか？　またご先祖様のお参りはしていますか。」

「自分のことなので、几帳面かどうかはわからないのですが、家の掃除は好きです。

　それと宗教ですが、特に特別な宗教に入ってはおりません。また、私の主人は次男なので、長男に任せきりで、ご先祖様が何処のお寺なのか仏壇もなく、よく分かりません」

「御主人の、ご両親はご健在ですか」

「はい、二人とも元気で、小さいですがお店経営をしています」

霊能者になるという選択

「それでは、少しづつ説明しましょう。

霊が視えるとか、誰かの声が聴こえるというのは、いわゆる霊能者といわれている人たちが持つ能力と思われています。でも、実は、あなたにも、今お客さんでいらしている全員の方にも、霊能力はあるんですよ」

「え、私にも霊能力があるんですか」

「もちろんあります。でも、スポーツの世界でも国体、オリンピックに出るほどの能力の人と、家の前をジョギングする程度の人がいることでわかる通り、その能力には大きな差があるということです。

皆さんが持っている霊能力が、高いとか低いというのではなく、霊視、霊聴ができるとか、心霊的に病気を改善させる心霊治療、また念写、物体を触らずに動かしたりすることが出来るサイコキシネスなど数多くの能力があるのですが、その霊能の目的、用途が違うということなのです。

また、その違いとはスポーツで例えて言いますと、体操、マラソンをする人、水泳とか、野球等色々な種類があるのと同じということです。

私が、いつの頃からか持っている霊能力とかは、大学時代霊能について研究している先生に付いて修行したこともあり、それにより随分と力が付いたのは自分でもわかりました。

その力は、どんなのかと聞かれても、細かく説明をすることは出来ませんが、今あなたの後ろに立ち、こちらを見ている方とかが視えますし、お話も出来ます。

それと、長崎にある相田さんの自宅を、ここから見に行くようなことも出来ますよ。今こうして、あなたとお話ししていますが、あなたの後ろにおられる方からは、先ほどから、私に娘さんのことでお願いされているのです。だから、あなたのご相談をお受けすることにしたのです。

後ろの方から依頼されなければ、このご相談はお受けしていませんよ」

「すみません、その後ろの方とは、私は見たことも会ったこともないのですが。どんな方なんでしょうか」

「私は、背後霊とお呼びしています。少し難しくなっていきますが、続けていいですが」

「はい」

横から見ると、相田さんは、初めて聞く言葉に不安と、興味が入り混じった顔で、目を真ん丸にして、マスターの言葉に集中しているのがよく分かる。その話しているマスターは、コーヒーを入れている時とは違い、何か一種独特の威厳というか、授業中の大学の教授みたいな雰囲気に変化するので、いつもながら驚かされてしまう。

「その背後霊とは、あなたが受胎し胎児としてある程度育った時に、あなたの家系の多くのご先祖の中から、選ばれるような形で、お母さんお腹の中にいる時からあなたに付いて、見守って下さっている方なのです。

その背後霊は、お見受けしたところ三十歳くらいの白い服装の長い髪の女性の方で、お聞きしますと四百年ほど前の宮廷に、女官としてお仕えしておられた方のようです。

その方は、あなたに常に霊信を送り事故に遭わないように、この世の社会常識、理法、法則を経験、体験して学び、あなたの魂が、今の次元より高く進化向上出来るようにと死ぬまで付き添い導いて下さるのです。

そして、亡くなった後も付き添って、あなたの魂があの世で目覚め、悟ることが出来るようになるまで付いていて下さる方です。

でも、多くの人はその背後霊の霊信というか、通信を受けていても、自分勝手な解釈で答えを出すから、つまりは聞こえないということになり、そして自分勝手に行動するから、結果として失敗することになるようです。あなたは、その方からのメッセージは受け取ったことはないですか」

「はい。ありません。今初めてこの様なお話をお聞きしましたし、そのような声も聞いたことがないのですが、私にも背後霊が付いていて、守って頂いているのですか」

「そうです。そして、背後霊の中には何百年と修行された方もおられるのです。その修行された方が背後霊として、あなたに付いているのです。

だけれども、本人がいじけ、ひがんだ精神状態であれば、高級な背後霊から、低い低級なものへ、取って代わられる危険性があるので注意が必要です。

『自分には低級霊が憑いているから、嫌なこととか、悪い事が起きるんだが』、とよく相談を受けます。

しかし、自分に低級霊が憑き、災いして、悪い事が起きるのではありません。

それぞれの人間の様々なレベル、心境、色合いの意識の集合体である、人間の心の一部分的な低い心境が、低いなりに動きだすその人の心の在り方の波動に、それなりの低いものが波動的に結び付く仕組み、法則になっているのです。

それは、自分が怒りの心を出すと、怒り的な霊的なものがあなたの周辺に集まり、それらとの関わり合いが起こるということになるのです。そして、自分の心が発する、気や波動に、同波動の気が、霊界と物質界を結ぶ媒体となり、お互いに反応し合うという様な関わり合いとなるのが、霊界と背後霊との関わりを持つということなのです」

「背後霊には、低い方と高い方がおられるのですか」

「はい。それは高級な背後霊から低い低級なものまで数多くおられますが、いずれの背後霊と結び付こうと、決めるのは全て自分にあり、霊界の者が勝手に物質界の人間に取り憑くとか、関わり合うということは出来ない法則になっているのです。

　つまり、自分の心が『高いか、低いか』という心の状態次第で、それに見合った波動のものを、自分で引き寄せる形となるのです。それらは、今現在あなたの身に生じている因縁の現れにより、また心の在り方によっても、事柄として表われてくるということになるのです」

　マスターは一息ついてから、さらに続けて、

「この様な話は、お聞きになったことがありますか」

「いいえ、初めてです。でも、難しいけれど、わかるような気がします」

「相田さんが家庭で家を守ることに専念すれば、それに見合う、そしてお仕事をするのであれば、その仕事のエキスパートで指導する方、つまり指導霊が付いて下さり、仕事に早く慣れるように、熟練するようにと、あなたを指導し導いて下さっているのです。

　わかりやすいのは、先程のスポーツ選手で例えれば、その卓越した能力を持つ選手が必死に練習していく姿勢を見て、その道に長けた指導霊が付いて、さらに練習を重ねることによりオリンピックに出ら

れるようになったりするのです。

だから、そこそこの能力を持った指導霊が付いているのでは、一般の人が、どんなに練習してもとてもかなわないというのは、こんなことからなんでしょうね。

つまり、その選手にその道に長けた指導霊が付かなければ、いくら練習しても並の選手に留まるということなんですよ」

「では、視えるとか、聴こえるとかの能力の長けた方が、背後霊として娘に付いているということですか」

「霊能が現れる年齢は、女性では思春期とか妊娠・出産の頃に関係があると言われています。

思春期の頃は、自己の探究心や、両親を含めた大人への批判的なものも強まる年齢であり、それは肉体的には大人だけれども、知識、経験、智恵の未熟さから、『こうしたい』という願望だけが膨らむようです。だが、それが達成出来ないジレンマから、お母さんへ食って掛かったりしているのでしょう。

その能力についてですが、小学校低学年で霊能力を持った子どももいますけれど、その能力はこの世での学習、経験とか、この世での因縁を片付けていくことにより持っている能力を必要としなくなるためなのか、大人になっても持続して持っている人は、少ないようです。

つまりは、因縁を片付けるための霊能力があり、因縁を片付けていくに従い能力は不要になるから、ただの人となるということです。だが、お聞きするとその能力の程度はわかりませんが、持続しているようですね。

そうですね、視えるということについてちょっとご説明しましょうか。

明るいところ、また暗闇でも、ものが見えるというのは、目の網膜にある杆体細胞《かんたいさいぼう》により暗いところでは白黒画像となるけれど物がある程度見えるのが可能となり、錐体細胞《すいたいさいぼう》によって明るいところでは色彩鮮やかに、見えるようになっています。

また、真っ暗な中では、人間は物を見ることが出来ないのですが、霊能者の方の中には真っ暗でも視える方がおられます。

それは何故かといえば、脳内の奥にある松果体といわれている第三の目で視ているからで、この時には目をつぶっていても、開いていても支障なく視ることが出来るということなのです。

この仕事をしている関係からか、テレビとか、雑誌には名前は出ていませんが、霊能者として卓越した能力を持っている巷の方々を存じています。その方々は、会ってお話ししても、その内容や、人間的に見てもやはり素晴らしい方々です。

だが、占い、心霊人生相談などで有名になっている人たちの中で、高額な金銭を求めたり、社会的地位を求めている方を視ますと、霊能と申しますか、背後霊的に視ると、決して霊格は高いとはいえず、逆に低くなっている方を見かけます。

この、高額のお金と話しましたが、この道で仕事をされている方は、自分の生活があり、無料でというわけにはいかないから、当然いくらかの料金を請求することにはなりますよね。

その金額が高いか安いかはわかりませんが、見料としての料金を支払える方なら、どこの霊能者にご相談されて高額の見料をお支払いされても、それはご本人の自由ですから、私からは何とも言えません」

確かに、私の友人も、何人もの占い師、霊能者に見てもらい見料也を払ったと聞いている。

その見料は確かに高額であり、私にはとても払えないような金額だったので、その時にはぼったくりだなと感じていたが、マスターの話を聞いてみればなるほど、その人も生活があるから度を超えていなければ当然なんだと、妙に納得してしまった。

マスターは話を続けている。

「どんな霊能者から話を聞いても、判断し答えを出すのはあなたでもなく、娘さんです、つまり自分自身ということになります。ですから、その判断に必要な答えを出す能力を身に付けるためには、人生において、色々な経験、体験、そして学生であれば学生の本分は勉強ですので、その勉強が大切だということになります。

本分である勉強を疎かにして、「視える・聴こえる」に走れば、本来身に付けるべき知識の水準はその時点でストップしてしまい、未熟なままとなりますから、そのためにも学校とか家庭、社会での勉強、経験、体験をすることが大切です。そして、ここで注意をしなければいけないことは、不思議を追いかけること、視える、聴こえるとかの霊能力にはあまり拘らないようにすることです。

そうでないと、視せるとか、聴かせることが出来る、ある程度の力を持った低い霊が、より一層娘さんへ憑くことになるかもしれないからです」

「このことが本当なら、娘の将来は、精神的にも危ない方向へ進んでしまうことになるんですね。では具体的にどの様に親はしたらいいんでしょうか」

「今は、高校生なのだから、学校の勉強を一生懸命やらなければならない時期と話して下さい。社会人になるための基礎、物事を正しく判断出来るようになるための知識を築いている時だから、学校に行くという事が今大切なのです。色んなものが視えるという事は、そういう事に興味を持つから余計に低いものにいじくられることになっているのです。

ですから、そういう事に今は興味持つ時期ではなくて、今は勉強して、社会人になるための土台を築いていく時期と教えて下さい」

「はい、親としても学生なんだから、勉強に力をおいてもらいたいと思っています」

私にも、今、子どもがいたとして、その子が学生なら勉強、部活に力を入れるべき時に、心霊などに興味を持って本業をおろそかにしたら同じように思うだろう。

「テレビでよく放送されていますが、『あれが視えた、この人の人生は将来こうなるよ』とか言っているのを一見羨ましく、面白そうに見えていますが、今の娘さんの時期には、そういう事に囚われちゃいけないのです。その霊能者が、言っていることが間違いではないというか、全部が当たっているわけではないと思いますから、すべてを信用してはいけませんね。

何故なら、言っていることが事実であっても、その方が人間的に優れた、立派な人物かどうかわかりませんから、その言葉だけを信じるのではなく、その方の人間性までを自分が正しく評価できる様でなければ、先ほども言っていますが、最初は良いんでしょうが段々と、危険な方向へ進むことになるんですよ。

霊視ができる、霊聴ができる、心霊治療ができるなどの力を身に付けたいと思っている人もいますが、これは修行すれば誰にでも身に付くというものではありません。

その能力は、あなたの家系の先祖が何代にも亘り、この世で霊能力と言われる幾つかの能力を、遺伝的に子孫の者に与えることで、あなたの家系の先祖霊の進化向上、そして幾らかでも人の役に立てるようにと計画され、目的を持たされ、この世に霊能者として出されたのです。

つまり、霊能力を身に付けられたわけですから、興味本位、遊び半分で霊能を使うことは好ましくありません。

親であるあなたは、娘さんに、今は学校の勉強を一生懸命やって、自分が人間の心情、この世の常識、仕組みや、倫理、道徳を学び、将来そういう霊的なことについての判断、答が分かる様になるまでは、学校の勉強が大切だからと、道を間違えないで進ませることです。

『ああいうものが視えた、こういう声が聴こえた』ということに囚われると、視える、聴こえることだけの能力を持っている低級霊に憑かれて、いいように利用されて自分を段々ダメにしていってしまう。

だから、自分を大切にして、自分を伸ばしていくには、今は学校の勉強や友達との関わりが大切だという事をよく娘さんに話してあげて下さい」

相田さんは、何か異次元の話を聞いている様な、だがすごく興味を持ったという感じで、頬に両手を当てて、一言も聞き逃すまいという様な雰囲気で、マスターの話に引き込まれているのが、私から見れば何か滑稽な感じを受けるのだが、もちろん本人は大真面目で必死なんだろう。

その必死の相談を、軽く私が話しているが、私は心霊についてはすごいというほどの興味はなく、それを信じているとか、信じないについては、特にコメントするほどの意見は持っていない。では、何でこんな話を聞くのかといわれれば、単に面白いからで、マスターの回答があまりにも、理論的な説明からか、相談者のほとんどが納得して帰っていくのを見ると、人への説明の仕方がとても勉強になるし、これは仕事にも使えるなと思っているのが理由だ。

そして、その話について納得するということは、もしかしたらその霊の世界も存在するのかな、だから信じてもいいのかなと、最近は私の心霊に対する考え方も、揺れ始めているところだともいえる。それは、本とかネットなどではこの手の話はごまんと書かれてあるので、見かけることはあっても、すべて信じることはなかなか出来ないが、こう何人も心霊の相談に来て、それをマスターが的確に回答していると、信じざるを得ないことになる。

その心霊的に、しかも適切に回答するのを見れば、誰でも信じないとしても、もしかしたら霊は存在するのかとか、信じてみようかなと、心が揺れるであろう。

私も、今までに数冊だが、心霊に関する本を買って読んだことがある。だが、マスターの話されるような内容は、どの本にも書かれていないから余計興味のある話ということになる。

それと、これは思い付きでやっているのだが、いろいろ相談している時に、分かるようで分からない用語を書き留めている、例えば霊視って何が視えるのとか、霊聴は何が聞こえるの、そして背後霊様ってどなたとか、聞けば聞くほどよく分からない言葉が出てくる。それらをメモしておき、後でマスターに聞いてみようと思っている。

るんです。

相田さんも、問題を抱えたそのお一人ということになりますね。娘さんは、もっと力を持ちたいと思うのであれば、それは非常に危険なことになります。

何故ならば、側に指導してくれるような、霊能者の先生とか、審神者《さにわ》が出来るような方がおられないからです。

今日、娘さんがお母さんとご一緒に来られたなら、お話もできたのですけれど、学校だからしようがないのが残念ですね。相田さんは、これからお帰りになったら、まず娘さんにここでお話しした背後霊、指導霊について話し、今持っている能力をまずは肯定してあげてください。

そして、高校を卒業したら進みたい進路について、よく聞いてあげるといいですね。それは、今の段階で、考えている霊能者の先生に付いて、勉強していきたい

「霊能力」だけで霊能者になる危険

マスターの話はどんどん熱を帯びてきている気がする。

「心霊について興味を持つ方は沢山おられ、勉強の意味も含めてでしょうが、相談に来る方もおられます。

その他には、心霊とは関係のないような相談、例えば病気になり治療を受けているけれど、なかなか治らないから、これは霊の仕業の霊障ではないかとか、また家庭内のごたごた、職場内でのトラブル、最近は子どもが学校でいじめられるけれどどうしたらいいのか、さらには男女間のもつれや離婚問題とか、多くの問題を抱えた方が、ここに相談に来られ

いということも含めてですよ。何故なら、占い、霊能者として仕事をする方もおられますし、自分の持って生まれた能力を、活かすことは良いことでもありますからね。

お父さん、お母さんが、娘さんに、人生の方針、仕事をするということはどういうことなのかを、人生の先輩として話してあげることは良いと思いますが、親の希望する道に進んで欲しいというのは、親の押し付けになりますから、注意して下さいね」

「はい、娘の進路もさることながら、心霊について、どのような知識を持っているのか、今の能力について、もう少し突っ込んで聞いてみます」

「それと、押し付けではなく、自分の経験、体験からの進路アドバイスはとても良いと思います。その話の時には、ご主人の人生航路を話してあげると良いんですが、娘さんは聞いてくれるかですね。

娘さんの年頃は友人と話したりしているうちに影響を受けたり、先輩からのアドバイスでも考えている進路がコロコロと変わっていくことがありますから。

しかし、あなたの娘さんの場合は、現実には、能力を持っているわけですから、学校の勉強をしなさいと押し付けてしまうと、逆にかたくなな気持ちとなり、かえってひどい状態となって、家庭内でのトラブルに発展していくかもしれません」

「えっ、どんなトラブルに発展するのでしょうか」

「それは、今の状態は、視えるとかと言っても正しいものが視えていないかもしれませんし、聴こえるということも、正しいこと、つまり先ほどお話しした高い次元の背後霊のお話なのか、世間でよく言われるような、低い霊の憑き物による声なのか判断が出来ないから、自分が視たり、聴こえたりすることが正しいと思い込んで、その通りに行動し出すということです。

それがある程度の期間続くと、あなたやご主人の話など聞かず、聴こえる声の指示に従うようになっていくでしょう。

そうすれば家庭内での和は崩壊し、最後は新聞に載るような事件に発展するかもしれないということです。

ですから、娘さんの思っていること、言いたいことをまずはじめに十分に聞いてあげるようにしてください。

そして、娘さんが話している時は、お母さんの意見は言わないことです。娘さんの言うことがなくなったなら、その時初めて、お母さんの意見を話してあげるようにすることですね。

自我の意見を、相手に押し付けるような、よくテレビでみかける相手の話は全く聞かないような討論会にならないことが肝心ということになるでしょう」

なるほど、営業の私には使える内容だと思った。何故なら、売り込み、押しつけだけでは営業は成立しないからで、相手の思うこと、欲しがるものを提供することを考えるということの話はゲットというところだろう。

「娘さんの場合は、全部話させて、胸の中が空っぽになってから、お母さんの話を、その空っぽの胸の中に入れてあげるようにしましょう。いくら美味しいものでもお腹がいっぱいであれば、食べられないですよね。全部吐き出して、空っぽにしてあげることです。

そうすれば、お母さんの話も、入っていきますよ」

「わかりました。今までは娘の言うことをほとんど否定して、私の意見ばかり押し付けていましたから、会話にはなっていませんでしたし、どちらかといえば、いつも口喧嘩になっていました」

　母親から、憑いているはずはないんだろうが、まるでその憑き物が取れたように、なにか肩から重りが取れ軽やかになった感じを受ける。同時に随分と若返ったように見えたのは錯覚だろうか。

　腕時計を見ると、先ほどマスターが言っていた時間がそろそろ来たようで、最後のしめの話に移るのかなと見ているとやはり。私も、予感が当たるようになったようで、思わず一人で笑ってしまった。

　相田さんは、カップに残ったコーヒーには手を付けず、残ったコップの氷がほとんど解けた水をごくりと飲み込み、ただ眼だけは必死の眼差しでマスターの唇を、次は何を話してくれるのかと待つ。その姿からは親の強さ、子を思う母親の強さをひしひしと感じる。

「お約束の時間も来たので、まとめたいと思いますが、よろしいですね」

「はい」と、親に意見具申《いけんぐしん》する子どもの様な、消え入るような小さな声で答えるところに、すかさずマスターは、「先ほど、トラブルに発展していくとお話ししましたが、それは憑きものによるトラブルということです。まだ、霊能といっても初歩中の初歩の人が、もっと能力を得たいと、一人で座禅をしたり、滝に打たれたりすれば、それはある程度可能となるかもしれません。そして、しばらくは楽しい、自分が望んだとおりに、色々な声が聴こえ、それが現実となり、友達、知り合いの人の経済的なこと、家庭内問題、健康などについても聞かなくてもわかるようになるからです。

　さらに、相手の人のオーラが少しだけは視え、道行く人に憑いているものが、ヘビだとか、キツネだとか、低俗な気味悪いものが憑いているのも視えるようになりますから、希望したとおりの霊能者という楽しい時期を過ごすことが出来るかもしれません。

だが、それは非常に危険なことであり、自分の趣味というか楽しみのために、その能力を得たのであれば、使い道も誤って来るでしょう。その能力を、仕事として使う場合では、初めの頃は、よく当たると評判にもなるでしょうが、そのうちに低俗な話、考えしか浮かばなくなり、無理に答えを出さざるを得ないため、作り話の嘘とか、間違った答えを出すようになり、世間から見放されるだけでなく、本人の精神、肉体にも影響が出ないとも限りません。

それは、何故そうなるのかといえば、最初その方に付いていた背後霊は高次元の方であったはずですが、本人が霊能力を得たい、身に付けたいと思う低級な欲望のため、背後霊の導くこととは違う道を選び、つまり勝手に修行し、求めるから、そこへ低級な波動を持ったものが集まってきて、本人の希望する、もしくは呼び込んだこととなる低級な、世間でよく言われるキツネとか、タヌキの様な低級な霊的なものに、肉体を占領され使われるようになるのです。

そしてそれらは、自分をこの現世で表現したいため、その者の肉体を使い、最終的には精神まで支配することになるのです。だから、結果的に怖いことになるから、よほど娘さんは注意をしなければいけません」

なるほど怖いこととは、欲望が極まり、その目的であったものを手に入れられるとしても、そのリスクも大きいんだということが理解できた。

マスターは「先程の説明どおりですが、優れた霊能力とは、思い付きで修業しても、勉強しても得られるものではないのです。それと、昔の修験者の修業例を見てもわかるでしょうが、山中を昼夜通して歩き、厳寒時に滝行を行ったりして肉体を痛め難行苦行して、極限状態のなかで、霊能力を得る人もいましたが、多くは得られないまま亡くなっているのです。

では、何故、この世に力のある霊能者がいるのかといえば、やはり先ほどもお話ししましたが、その人たちは、その家系で何代にも亘った多くの先祖の中から選ばれ霊能力というものを持たされ、その能力を『ある目的に使うんだよ』と、ある目的、使命を持たされてこの世に出されたから、いわゆる超能力といいますか霊能力を持っているのです。

ただし、この霊能力もすべて自分自身が持っているのではなく、自分に付いている背後霊が大きな力を持っているのであって、芸術家とか音楽家ならば素晴らしい作品をつくる能力、医師が手術で発揮する神業、会社経営者が、辣腕を振るうことが出来るとか、人脈作りが異様にうまいなどの、信じられないような、それぞれの能力を持った存在が付いてくださるからだということを忘れないでください。

ですから、せっかく得た能力は大切に、また正しく使うためにすることは、その娘さんが持つ霊能力をどのように使っていくのか、その方法をよく考えて、あわせて心霊について勉強していくことです。

しかし、まずは、学校の勉強をしなければ、霊能で視えた、聴こえたものの適正な判断も出来ませんから、一生懸命に勉強するようにお話しして下さい。

約束の時間が来たのですが、ご相談は以上でよろしいですか」

「ありがとうございます。知らなかったことを教えていただけたうえに、人生のアドバイスまでいただいたようで、感謝いたします。

　帰ったら主人を交えて、子どももと一度将来の在り方について話してみます。大変貴重なお時間を頂きましたがお礼はいかほどでしょうか」

「ご相談で商売をしていませんから、お礼はいりません。コーヒー代だけで結構です。

　あ、それと、私が霊的指導はもちろんですが、とてもお世話になっている長崎在住の男性で、霊能力的に、また人格的にも素晴らしい、森中先生という方がおられますので、あなたのことをご紹介しておきますから、お帰りになったら娘さんとご一緒にお伺いしてみたらどうですか。そして、その方に心霊の正しいご指導を受けてみたらいかがでしょうか。

　今、住所と電話番号を書きますから待って下さい」

　時計を見ると、相談時間は、三十分を少し過ぎていたけれど、相談を終えた相田さんはホッとした感じで、マスターから受け取ったメモをしっかり右手に握りしめ、店に入った時とは違い軽やかにキャリーバッグをカラカラと引きながら、来た道をたどるかのようにドアへ向かい、ギーと木製のドアを開け出て行った。

　それを見送るかのように、私は目線だけを、相田さんの背中を追いかけて、道路に出たのを見届けた。

　悩み相談の話は、今までいくつか聞いてきたので、何となく理解できるような感じがしてきた自分だが、今日の話は霊界の存在、高い背後霊、低い背後霊の違いとか聞きなれない言葉もあったので、それをどのように解釈したらいいんだろうと、メビウスの輪の様に答えを出せないジレンマに陥りそうだ。

　本来、能天気な私は、「いいや、分からなくても。

また今度聞くことにしよう。それとも今聞こうかな」と思ったところへスマホが鳴り画面を見れば、会社からの連絡くれのメール。

『助かった』、このまま悩んでいたら、もっと楽しい世界に浸って現実を忘れていたかもしれない。

「マスター、帰ります。お勘定を」と、私も相田さんと同じようにギーと木製のドアを開け出て、道路に立ち止り、一回大きな深呼吸をした。

携帯から会社へ電話を掛けながら、現実の世界へと浜松町の駅へ向かって歩き始めた。

第二章

操られたギャンブル依存症の人たち

我を忘れて全てが壊れていく

今日も、カウンターのお決まりの席で、特製玉やコーヒを飲んでいる。

二時過ぎで、昼のお客さんもはけ、二十席ほどの席に、二人の客と奥さんと私を入れた五人なのでゆったりとした時間を過ごしている。パートの坂本さんは、昼過ぎはお休みで、夕方からもう一度来るので、店はマスターと奥さんの二人でやっている。これも最近知ったことだが、坂本さんは若いから、独身なのかなと思ったら、結婚していて、お店から自転車で五分とかからないところに、ご主人のご両親と住んでいるという。だから、パートの時間が楽に設定出来るようだ。

コーヒーは、発がんの防止効果があると、新聞に載っていたのを思い出しながら、いつもの通りミルクと砂糖を少しだけ入れたコーヒーをすすっている。

木製のドアがギーと鳴いて、六十代後半かと思われる、髪の毛が白くなっている女性が入ってきた。入り口では、坂本さんがいないので、奥さんに話しかけ、先日の相田さんと同じようにカウンターに向かって、背筋を伸ばした姿勢で大股に、だがなんとなく目線は下向きで歩いてきた。

「ここの席でいいでしょうか」と、年齢の割にといえば失礼だが若々しい声で、しかもハッキリとした口調でマスターに問いかけ、マスターがどうぞと答える。

その女性は私の座っている席の二つ隣に腰かけ、ハンドバッグを膝の上に置いてコーヒーを注文。

「玉やブレンドでいいですね」と、氷がカラリと音を立てた水を出しながら注文を確認している。

「はい。お願いします」

マスターは出すのが早い。来るのが分かっているのか、また注文するメニューも分かっているのか、座る前からマスターはサイホンに豆を入れ、もうスタートし、そして、『むにょ、むにょ』とやっている。

「どうぞ」と玉やブレンドを、その女性に差出し「どんなお話ですか」と問いかけている。

店に入ってまだそんなに時間が経っていないが、さっと飲んで帰ろうと思っていた矢先の相談。せっかくだから、その女性の話を、しっかりと聞いてから帰ろうと耳と心の準備をする。

「私、落合から来ました。実は息子のことで」

「金銭の関係ですね」

すぐ合いの手を入れるマスターは、どこを見て、相談事がわかるのか、事前に誰かがマスターに伝言でもしているのではないかと思うのだが、これも不思議の一つだ。

「実は、四十四歳になる息子が、ギャンブルにのめり込み、どうすればいいのかわからなくなっています。二年前に離婚して子どもは一人男の子がいたのですが、嫁が実家に連れて帰りましたので、今は主人と息子と三人で暮らしていて、本当にさみしいものです。主人は、五年前に退職して、今は年金暮らしで、細々と暮らしている状態です」

「話を進める前に、一つお願いがあるんですが、あなたのお名前と住所を教えていただけませんか」

カウンターの横で、何回もの相談者の話を聞いていて、面白いと思うのは、マスターが始めに必ず言うことが『名前を教えて』だ。

私の解釈だが、相談に来る人は家にいる時には、頭の中は困りごとであふれ、その答えを何回も出そうとして、その都度失敗するから、すでにストーリーが自分には十分に出来ているのだろう。

それで、答えを出せずに困り果てて、ここ玉やに来た時には、当然相談相手もそれを理解していると、錯覚してしまうのではないだろうか。だから、名前も述べずに、本題というか、相談内容へすぐに入ってしまう。

まあ、早く答えが欲しいので気持ちが急いているのだろう。

だがマスターは、そんなことは気にかけず相談を受けている。

「気が急いていたものですから、申し訳ありません。新宿区落合の大池と申します。住所と、名前は今書きますから」

その大池さんは、膝の上に置いたバッグからメモ用紙を取出し名前を書きだした。

習字を習っていたのだろうか、きれいな字を書いているのが私からも見えるのだが、やはり緊張と焦りからか、手に持つボールペンがかすかに震えて、それと共に、メモの字も震えて書かれているのが分かる。

マスターは、書いているのを横目で見ながら、まだ相談には入っていないぞという感じで、少し離れてコーヒーカップをフキンで拭いている。

では、奥さんはと見れば、ドアの横に立ち、いつものことだという顔で、遠目にカウンターを見ているだけで、決して立ち入ることはしない。そして、さすがプロだと思えるほどに、奥さんは店の全体も、客の動きも見るではなしに見て把握している。

「玉やさん、これでよろしいでしょうか」

マスターは、書かれたメモを見て
「結構です。では、話の続きをどうぞ」と勧める。

「息子が離婚したというのも、原因は金銭感覚がルーズで、当時は会社に行っていましたが、いわゆるギャンブル依存症なんでしょうか、パチンコ屋に入りびたりで、会社の給料だけでは足りなくなったのでしょう。消費者金融に、借金までして遊んでいました。

そのため借金が重なり、三年前にはとうとう四百万に膨らんでしまい、私たちが返済をしたこともありました。それでも懲りずにギャンブルを続け、あちこちに借金を重ね、当然家庭にはお金を入れないので、嫁には本当に苦労をかけました。

そして、二年前にはいよいよ嫁も困り果て、離婚することになった頃には、息子は会社を首になり、収入もなくなっており、借金だけが残りました。その時も、息子に泣きつかれ、残り少ない我が家の貯金から二百万円を借金返済に当てました。

離婚して、嫁と一緒に可愛い孫も嫁の実家に帰ってしまい寂しい毎日です。それに、借金返済で我が家の貯金も少なくなり、月々の生活は主人の少しだけの年金で賄っています。

離婚した息子は、住む家もないからと、実家である私どもの家に転がり込んできているのですが、仕事はせずに自分に収入がないために、私どもの少ない年金から強引にお金を要求し、パチンコを続けています。

働きなさいと注意をすれば、パチンコで稼ぐと言い張り、負けた時などは、一日中部屋からは出てこない日もあります。

私達夫婦は、いつかは目が覚めるだろうと、その日を待っているのですが、これから先、どうしたらいいのでしょうか」

大池さんは、思いの丈を一気に吐き出したのか、話し終わるとバッグからハンカチを取り出して目に当てている。

息子のふがいなさ、可愛い孫と離れた淋しさ、そして、こんな風に育ててしまった自分達への悔しさが重なったところに、胸の内を吐露して思わず涙が出たのだろう。

私も、大池さんと同じ立場であれば、怒りよりも息子をきちんと育てられなかった自分への悔しさが、強く出てくると思う。

この相談で、マスターはどんなアドバイスをするのか興味津々だ。聞き耳を立てておかねばならない。

「息子さんの件についておいでになったんでしょうけれど、その息子さんのお名前が書いてありませんが、息子さんに、直という字が見えましたが」

「はい、息子は直治といいます。どうして分かったのでしょうか。びっくりしました」

「息子さんをイメージしたら、直の字が見えたのでお聞きしたのです。直という文字の説明をしますと、昔、中国に蒿里山《こうりざん》というところがありますと、そこは死者があの世に行く時に立ち寄るところと言われていまして、その山には閻魔大王《えまだいおう》の部下である閻羅《えんら》王が十人いたのだそうです。

その閻羅王に、この世での行いを調べられ閻魔大王に報告され、天国に行くか地獄に行くのかを審査されるので、その場所で死者達は混乱してしまうそうです。直の十と目は、十人の閻羅王の目を表しています。

下の治という字は、とても素晴らしく、やはり中国で治水に関係した字で、河川の氾濫から人々の災難を救うことに関係した字で、治は水に堤を表す台からなっています。治水に尽力した者はのちの夏王朝の皇帝に上りつめています。

また、国民を管理することを『治める』といいますね。ですから、本来息子さんはとても素晴らしいお名前の持ち主なんですよ」

「そこまでの、名前とは知らずにいました。ですが、名前とは反対のことをしていてとてもどうしていいのか」

「そうですね。一つひとつお答えしていきますが、まず、ギャンブルによる借金と離婚については一部共通するところもあるかもしれませんが、答は二つになると思います。それと、いつも相談を受ける時には、三十分と時間を決めさせて頂だいているのですが、大池さんもそれでよろしいですね」

「はい、かまいませんけれど。ここで何とか解決できるお答えを頂きたいのですが」

『おいおい。あんまり突っ込んで求めるなよ』と、横にいて思ってしまう。相談に来ているのだから、もっと素直な感じで聞いたらいいのにと思う。

見た感じプライドが高く、相手には強く求めるが、自分は奉仕の精神が薄く、ボランティア活動みたいな人のためになるようなことなどはあまりしない人のように見える。しかし、そういう自分も言えるほど何もしていないので、これは取り消すことにする。

しかし、マスターは話をするだけで、いない人の名前までわかり、その文字の由来までわかるんだ。これも凄すぎるが、このことも背後霊が教えてくれるのだろうか。

「はじめに、その借金についてですが、一般的な新聞、テレビの人生相談コーナーでの回答であれば『自分がパチンコするのは良いけれど、家にはもうお金はないから、無心しても駄目だ』『自立して働きなさい。将来、親はいなくなるのだから、自分で仕事を見つけて自分の人生をよく考え直しなさい』と言うのでしょうが、それでは息子さんはますます意固地になり、隠れて借金をするでしょうから、解決はより遠くなるでしょう。

ですから、玉やではそのようなお話はしません。まず、ギャンブルの概念は難しいのですが、国内では競馬、競輪、競艇、オートレースとかがありますよね。

ご存じのとおり、これらのものにはまり込んで、家庭問題とか、当然お金が必要ですから、お金に関係する事件も見受けますよね。その中での、パチンコについての問題ですが、これは多くの人が抱えている難しい問題でもあります。

それは何かといえば、何年か前に子ども向け漫画のテレビ放送で、赤とか、青のシグナル画面が出て、見ている子どもたちに、精神、身体的に弊害ありとして、社会問題になったことがありましたよね」

そういえば、思い出したが一時は問題となり入院した子どもまでいるとテレビで見たことがある。これと、パチンコがつながる現象なのか。

「それと同じ現象とは断言出来ませんが、明るい四角い画面を何時間も見つめ続けていると、パチンコ台からの刺激のある色彩と、高い音の音楽が流れ、人間の五感のうちの目と耳から、その強い刺激を継続して受けることになります。

それはパチンコも、パソコンのゲームも同じことで、ゲーム中瞬きの回数は減り、一種の催眠状態となってしまいます。そして、パチンコでは適当な回数で大当たりの球出しにより、今まで負けていたことを忘れて、『勝った』と思う快感から、ドーパミン効果も高まるのです。

その快感は、脳神経に神経細胞である樹状突起《じゅじょうとっき》と呼ばれる枝状の細胞が、他の枝状の樹状突起と接合して、シナプスという回路が形成され強く記憶に残ることになります。

それはヘビースモーカーやアルコール中毒の人の、とにかくタバコを吸いたい、酒を飲みたいという欲求にも似ていますし、止めたいけど止められないとなる意志の弱さも併せて、パチンコ中毒としてパチンコの虜になってしまうのでしょう。

ここで話が切れた時、「ありがとうございました」と奥さんが、レジで精算をして二人のお客を送り出した。

それと入れ替わりに、同じ会社の社員と思える、二人のサラリーマンが入って来て、壁側の空いている席に座り、カバンから書類の様なものを出しながら、奥さんに「コーヒー、ホットで」と注文をした。

マスターもお客さん優先なので、大池さんに「少しお待ちください」と声をかけ、二人のコーヒーを仕込み始めた。

もちろん、サイホンに『むにょ、むにょ』は欠かさない。

淹れたてのコーヒーを奥さんに渡して、大池さんとの会話が再開する。

「今の大池さんの頭の中では、いくつかの正しい答えと、それを実際には出来ないから、困惑し、どの道を取れば良いのかと悩んでおられるのだろうと思います。

そして、貯蓄も無くなってきているし、年金もそんなに使われたのでは、自分たちの生活が出来なくなり、悲惨な方向へと進まざるを得ないとお思いでしょう」

「はい、そのとおりです」と、大池さんは背筋を伸ばし気丈に答えている。

私から見れば、相談に来ているんだから、そんなに気負わなくてもいいんじゃないかと思うが、大池さんには、虚栄心なのか尊厳を保とうとするところがあるからか？　私が言える筋合いのものではないけれど、相談する人は、もっと自分をさらけ出して、素直な状態で、例えば自分がこうしたいと思ったら、それを相談相手に話して、答えを求めるべきだと思ってしまう。

自分で、決めることが出来て、答えが出せるなら、また隠していて話せない様な内容があるならば、相談ではないと思う。

マスターは、「私は、時々パチンコ屋さんの店内へ入ったりします。しかし、パチンコはしません。

何故入るのかといえば、そこで遊技をしている人たちを見に行くためです。

パチンコをしている人の後ろを見ると、憑いているものが視えることもありますが、それよりも皆バラバラになっているような感じを受けます。それは、どんなことかと言えば、パチンコをすることは警察でも正式に認められている遊技ですから、それ自体には全然問題はありません。

ただそこで問題となるのは、そこにいる人たちは、パチンコに精神も肉体も入れ込み、我を忘れる状態となってパチンコに夢中になっている人が多く、家族生活、家族の繋がりがバラバラになってしまっている、そんな印象を受けます。例えば、趣味とかストレス発散から始めたパチンコであっても、そこに自分の気持ちを全て集中し続けていけば、金銭面、家族間の繋がり、愛情面すべてにおいて余裕がなくなり苦労する結果となっていくのは当然です。

人間は、考える通りに自分の気持ちが動くので、パチンコの依存症となってしまえば、家族間の問題が起きた時にも、正しく判断が出来ないようになり解決出来なくなるようです。そして、それらを解決出来ないことから、精神的ジレンマに陥り安易な方向へと逃避し、さらに一層パチンコの虜になり、そこから逃げることを選択しようとしても、脱出の方法を、もはや考えることができなくなり益々逃避していく形で落ちていくのだと思います。

パチンコの機械に、もし意識があるとするならば、『私にそのはけ口を向けないで！　私は被害者の方よ』と言うかもしれません」

「そう言われてみますと、息子は特に趣味もなく、気付いたらパチンコが趣味となり、他にストレスを発散するところもないので、パチンコにのめり込んでいったということでしょうか」

「そうですね、このことについて考えてみますと、大池さんのご先祖様の中にも同じようなギャンブルにのめり込んで、例えば昔だと花札、サイコロ博打をやり、大儲けしたか、大損したか、今の時点であなたに憑いていないから視えないので分かりませんが、その様な人がいたようです。

そして、そのことが因縁となって何代か後の子孫である、今の息子さんに結び憑いてきたということとなったと思われます。

ご先祖様が結び憑くということですが、そのご先祖様はその因縁解消が出来ずに霊界で苦しみ、子孫の者に『助けてくれ』と、すがってきているのです。

そこで、息子さんがこのことを理解すれば、パチンコは止められるでしょうし、ご先祖からの因縁解消にも良いんでしょうが、本人はそのことを分かろうとも、理解しようともしないでしょうから、今後もパチンコは止められないと思います。

本来、ここで片付けていかなければならない因縁に、新しい因縁という利息が、どんどんと溜まっていくのじゃないでしょうか。また、今の話はパチンコでの話をしたのですが、先ほども話した競馬、競輪、競艇、オートレース、今、国で計画中のカジノなんかもそうで、それらにのめり込むのは、ギャンブル依存症と言われている通り、それにはまり込むということも同じ意味だと理解して下さい」

ギャンブルから先祖の関係へと話がずれているようだ。

それは、先祖の因縁について話をしているのだが、私の知っている先祖といえばお祖父さん、お祖母さん位でそれ以上の先祖には、会ったこともないし分からない。

その先祖が苦労して因縁と言われるともっと分からなくなってくる。

段々こんがらがって来たので、分からないところは後で、マスターに聞くこととして、とりあえずはコーヒーを一口口に含んでと。

冷たくなってしまったが、カフェインの作用があるのか、脳細胞の活性化が図れたようで、後半になる話は、これで続きを聞くことが出来そうだ。

依存症の正体

「解決が難しくなるような、大きな問題となった時には、自分の頭ではなかなか判断が出来ません。

その時は、あなたの背後霊に素直にすがり、よく頼んでみてください。

それにより、何か変化が起きてくるはずですから、その変化に従ってください。

そうでなければ、また身内の誰かに似たような問題となって生じるか、さらに子孫の誰かが苦労することになるのです。

だから、この問題は今息子さんが生きているこの時代に、あなた方家族間で解決しなければ、魂の輪廻転生といわれる通り、解消されないまま因縁として、後世の子孫に引き継がれ、因縁として再び同じ問題が生じてくることになるでしょう。

ただ、その時はさらに、大きなマイナスの利息が付くでしょうから、もっと大きな事柄として出てくるかもしれません」

「もっと大きな事柄として出てくるとのことですが、どんなことでしょうか」

「新聞とか、テレビで放送されるようなことと理解していいんじゃないでしょうか。そこで、母親であるあなたは、この問題の解決の一旦を担えますか」

「私一人ではとても、主人と話してみなければ」

それと、初めてお聞きする話の内容なので、頭が混乱してどうして良いのか分かりません」

「家族にギャンブル依存症の人間が出ることになるのは、ご先祖様の中に必ず同じような事柄、そして、それにより苦しんだ人が亡くなっても解消できずにいて『助けてくれ、苦しいこのことを解消してくれ』と言って側に来ています。

だから、今こそ先祖の問題を片付けるのに一番いいタイミングだといえます。

つまり、息子さんがパチンコを止めることが、その助けを求めてきている存在の因縁の足跡を消し、苦しんでいる因縁を消すことになるのです。そして、それこそが、ずっと続いてきたご先祖の苦悩、苦しみを消すことになるのです。

そうすれば、大池さんの家庭は元の通り幸せな家庭に戻れるかもしれません。

ご先祖のためになるのなら、喜んでするべきであり、それにより先々にはいい結果が表れると思います。生きている現在の自分たちのことだけを考えていてはいけないと私は思いますけれど、大池さんはどう思いますか」

「先祖といえば、嫁いできて知っているのは祖父母しか知らないので、それ以前の方々については、聞いたことも写真も見たこともないので苦しみとか、その方々の因縁といわれてもよくわからないのですが」

「お店に来られるほとんどの方は、同じように話されます。

現在は、長寿社会で男性は八十歳、女性は八十五歳以上と長生きされているのですが、反面、核家族といわれる時代で、夫婦だけの生活が主で、多くても祖父母までとの同居であり、曾祖父母と同居されている家庭はほとんど見かけないようです。

ですから、先祖についての概念も、その家のルーツについてもわからない方が多いというのが現状のようです。

話を戻しますが、例えばタバコで説明しますと、タバコを吸いたいというのは、いわゆるニコチンが切れると、脳が『ニコチンを欲しい』と信号を出すので、吸いたくなるのです。

それを、肉体と魂ということで考えると、自分の魂がこの肉体に言うことを聞かせることが出来なければ、魂は肉体の欲望に負け、タバコを吸ってしまうということになります。

だから、息子さんの場合、肉体の欲望の方が勝っていて、魂は低く、負けているということになるのでしょう」

「息子には、もう一般的な常識とか行動が出来ないと思います。ほんとうにどうしたら良いのか」

「どうすれば良いのか、ということですが、あなたは自分を守り指導して下さっている背後霊をご存じないでしょうけれど、ご存じなくとも存在されていますので、『私の背後霊様、これこれのことですので、息子の背後霊様によろしくお伝え、お願い申し上げます』と、必死に息子さんの背後霊にお願いし、息子さんの肉体にいうことを聞かせてもらうようにしてみてください。

それは、思えば思われるということなので信じてやってみてください。

お願いする時は、その場をきれい整頓して、イスに座ってでも結構ですから姿勢を正して座り、深呼吸を何回かして呼吸を整え、心を落ち着け、本来はそこで祝詞をあげるのですが、あなたの場合は、そのままで結構ですから、自分の背後霊に、息子さんの背後霊にお取次ぎをお願いして、あなたが思っていることをお願いしてみて、語りかけて相談することを少しの期間続けてみてはいかがですか？

長期間にわたりいつまでも思い悩む気持ちでいることは、低い存在が、あなたの周辺に寄って来て、取り憑き困ったことが増えることになるのです。

ですから、自分の背後霊に『お願いすれば全て叶う』と信じたら、後はすっぱり忘れることが重要です。

そして、日々の行動としては、すべての部屋の窓を開け放ち、外の新鮮な空気を入れる、空気の入れ替えをすることです。

それにより気の入れ替えがされたということになるので、ぜひお勧めします。もちろん、掃除もしなければいけません」

うーん、ここでも背後霊の話が出てきたが、声が聴こえるとか、姿が視えればすぐ納得するのだが、その経験がないので、相手を信じてお願いするとか、ずっと願うことにピンとこないのが正直なところだ。

また、悩んでいると低い存在に取り憑かれるということが、いまいち納得できない。そんな私の考えとは関係なく、マスターの話は続いている。

「お願いしたその願いは、いつになるかわかりませんが叶うと思いますから、叶ったらお願いした背後霊に、しっかりお礼を申し上げることを忘れないで下さい。

それは、この世で人にものをお願いして、希望通りやってもらったら、お礼を言いますが、そのことと同じですからね。

このまま家族も、本人も何もせずにいれば、特に息子さん本人は、亡くなったのち霊界へ行った時に苦しむことになるだけでなく、息子さんに憑いてギャンブルに関する因縁解消を、お願いしていた御先祖様の苦しみが消えずに、苦しみの因縁がずっと子々孫々と続くことになります。

霊界では、この世の時間と異なり、百年、二百年はすぐ経つので、その期間に、自分は生きている時に素直でなかったと、いくら反省をしても、反省して自分の魂がそうなりたいとしても、そんな短期間に消すことが出来ないのです。

そこで、解消できなかった因縁の一部分をもう一度修正、解消するために、この魂が別の肉体に宿り、後年といっても四、五百年後に、またこの世に生まれ変わって同じ体験を繰り返すことになるのです。

やりたいことをして、あの世に行き反省すれば消えるのであれば良いけれど、消えることがなく、その因縁を解消するまで永久に生まれ変わりが繰り返されるから、この世の自分の過ごし方が大切ということなのです。

この世は、考えること行動のすべての自由が許された、たった一回の肉体世界ですから、この生活がより一層大切だということなのです。

言い方を変えれば、この世で学び悟ることで、いくつかの因縁が解消できたのであれば、もう一度この世に生まれ変わってこの世の苦労を経験することはないということなのです。

いかがですか、何となくでもお分かりになりましたか」

「はい、息子のギャンブル依存症は息子一人の問題ではなく、先祖の方々の問題と合わさってしまったのですね。先祖の苦しみと息子の苦しみが重なってしまっていたのですね。ですが、具体的なことがやはり、ちょっとわからないです」

「この世とあの世」両方の世界との関わり

「話を少し変えますが、霊という存在が、霊界で色々な事を学び、悟られた事についてこういう説があります。

顕幽両界《けんゆうりょうかい》（物理的現実世界と霊的世界の両方）の生活というものがあるのだから、人生を幸福にするには、今生きている人生のなかで、色々な知識を学び取ることが重要といえます。

人生の目的は魂の進化にあるということを学び、高い存在から守護してもらっているのか、低い存在が介在して邪魔をしているのかを知り、もし低い存在に邪魔されているなら、その邪魔者をどうすれば取り除くことが出来るかを学ぶべきです。

しかし、肉体をもった魂は、一度しか地上経験ができないので、大切な人生の時間を、欲望の赴くままに無駄に過ごしてしまいがちです。しかし、人間として生れた意味を知り、魂的に進化向上してもらうことを霊という存在は願っているのだといいます」
「そうですね、息子だけでなく考えてみれば私もわがままなところがあると思いますし、主人も結構頑固でわがままで、思い通りにことが運ばないと、周りの者に当たり散らすことも多く、それぞれが自分勝手に生きているのかも知れません」
「私達の住んでいるこの世は、いわゆる三次元の世界ですが、常に霊との生活、これが四次元か五次元かは分かりませんが、つまり人間は顕幽両界の生活をしているので、あの世の関わりも、この世の関わりもあって、そこに自分の心境に応じたものの霊と関わり合うことになるので、皆さんは、この世で生活をするには色々な霊と共に生活しているんだ、ということを知らなくてはいけません。

知らずにいて、自分の低俗な欲望を求めていけば、自分が持っている因縁とは別に、それらの低い霊に取り憑かれて、犯罪にまで発展する危険もあるのです。

ですから、自分に現れている事柄、これは仕事、病気、交友関係、夫婦問題、家族問題、そして今回の様なお金とギャンブルに絡んだ事柄、先祖から続く因縁を、どこかの時代で解消しなければなりません。この困った事柄、つまりは因縁ということになりますが、これを何とか最善の方法で、今あなたの時代で解消し解決することです。

ただ、解決するといっても、あなたやご主人の人間の力だけではとても片付けるのは無理でしょう。

また、息子さん本人の意識と、理解がなければこの問題はなかなか片付けることが出来ないと思います。

　そして、パチンコを含めたギャンブルに走ってしまった人を正常に取り戻すことは、余程でなければ出来ないと思いますし、お金についても、あなたが息子さんに渡さなければ、どこかで借金を重ねることになるでしょうし、お金の扱いにだらしのない人は、どんなに助けてあげても懲りずに繰り返すから、この解決は困難かもしれません。

　それから、先日のマスコミ報道で、ＷＨＯによりゲーム依存症は病気として認定されたような報道がありましたが、パチンコから離れられないということは、アルコールとかギャンブルで生じる脳内のホルモンの反応と似通った反応をするということなんですね。つまりは、このまま対症療法をしていてもギャンブル依存症は治らないということです。

　つまり、守護霊という存在の助けを借りて先祖の苦しみを祈ることから始まるのです」

　それなりにお客さんは来ているが、この様な人生相談というか心霊相談のお客はお店に来るお客数から比べれば全然少ない。

　それは、お店に人生相談店とか、心霊鑑定とか看板が出ていないからなのか…。

　世の中を見れば、悩んで困って自殺する人が三万人以上といわれているこの時代に、心配事の相談が出来るところがないというのも、また困ったもんだと思う。

　区役所とかでは、何かしらの相談コーナーを設けているところもあるようだが、そこでは相談しても解決出来ないのであろうか。

　では、弁護士にお願いすればというのは簡単だが現実にそれで片付くのもごく一部であり、お金もかかり問題解決にはなかなか道遠しというところか。

マスターの心霊相談に、サラリーマンが多いこの浜松町で働く人は殆んど来ていないようで、もったいないといつも思っている。

私なりに考えてみれば、サラリーマンは仕事に追われ現実しか頭にないから、心霊という言葉を知らないのだろう。

私もそうだったが、今までの学校教育で、先祖のお祀りとか、心霊なんて言葉が出てこなかったのと、当然教育も受けていないから、霊という存在を信じない人が多いからだと思う。

そして、日本人にアンケートを取れば、『無神論者です』という答えが多く返って来るようだが、私は潜在的には何かしら見えない存在に頼っているんじゃないかと思っている。


なぜなら、結婚式は大安とか友引で、お正月、七五三のお宮参りには神社へ行き、葬儀は仏式と、こだわる人が多く、生活の中に自然と宗教色が入り込んでいて、それと共に生活をしているからだと思う。

だから、仕事、お金、恋愛問題などで悩むと、占い師や霊能者への相談となるのだろう。

これは、ある女性誌の編集者から聞いた話だが、女性誌に昔は占いコーナーはなかったそうで、いつからか、そのコーナーを設けたところ売り上げが大幅に伸びたため、それ以来占いコーナーは女性誌に欠かせないページとなったそうだ。

そういえば、今はほとんどの雑誌で見かける。

これは、勝手な解釈だけれど、ドラッグストアーで売っているサプリメントなどを購入する人が多いといわれているが、それは医療を百パーセント信用出来ず、また治療を受けてもなかなか治らないから、自分なりに違う方法を探すための一つなのかなとも思えるし、気功とかに頼るのも、そのためかと思うが、このお店での心霊相談に来る方達も、同じ意味合いなんだろう。

視えない力が働きだす

「約束の時間が過ぎていますので、これで話は終わらせていただきますが、お帰りになったら、先ほどお話ししましたあなたの背後霊に、『私の背後霊様、これこれですので』と丁寧に理由を述べてから『息子の背後霊様に、お導きのお願いをどうかお取次ぎくださいますようにお願いします』とお願いし、息子さんの肉体と精神にはたらきかけてもらうようにすることです。

あなたの必死なお願いが、神仏に届き叶えてくれることになるのですよ。『一念、岩をも通す』と言葉にあるとおりですから。

それと、ご先祖様の因縁が強く出ているようですので、ご先祖様のお祀りは忘れない様にきちんとすることですね」

「はい、お祀りは私なりに行っています。家に仏壇があり、神棚もありますので、毎朝毎晩お祀りをしています」

「それは良いことです。しかし、ご先祖様のお祀りの仕方についてですが、女性の場合間違ったお祀りをされる方が多いので、最後に少しご説明をしておきましょう。

それは、嫁がずに生家にいる時は、その実家の先祖霊をお祀りし、嫁いだ後は嫁ぎ先の家のご先祖霊をお祀りするということです。

これは、生家と嫁ぎ先のご先祖霊の了解の上で婚姻が成立して、苗字が変わることになったのですから、嫁ぎ先の人間になったということで、嫁ぎ先のご先祖霊をお祀りしなければいけません。

そして、実家がどのようなことになろうと、また実家のお墓がどの様になっても手は出さない方がいいですね。

いまのは、女性についてお話ししましたが、男性でも養子縁組をされ苗字が変わった場合は、今の話のように対応されるのが良いでしょう。

心情的には、何とかしなければと思うのが一般的ですが、霊界での解釈は我々の考えとは違いますから、このことは忘れないようにして下さいね。

それから、宗派によりお位牌の祀り方が少しずつ異なっていますが、お位牌でのお祀りをされる場合、台座の上の箱に戒名を書いた板札を逆さに入れたり、裏向きで入れていたりすると、身内の方に精神的な病の方が出たりします。

私が以前、相談を受けた事例を一つ話してみましょう。

数年前のことですが、ある方からの相談を受けた内容は、中学生の長男が急に大声を出したり、頭をかきむしって泣いたり、まさに狂ったようになってしまったそうです。

そこで、精神科を受診したけれど、原因は不明で治療するも改善がなく、一日中部屋の中にこもるようになり、当然登校拒否にもなってしまったとのことでした。

症状は、益々ひどくなってきたとのことで、どうしていいか分からず、その方の友人に相談したところ、その相談を受けた方が私のことを知っていたので、私に相談が来たということがありました。

そこで霊視をして、その方の家の中、家族の方々を視たところ、家族の人には特に異常はなく、その中学生の健康状態にも異常が見当たらなかったのですが、ちょっと気になることがあったので、家の中、特に仏壇と神棚を視たところ、仏壇の中にお祀りしている繰出《くりだし》位牌《いはい》の中で、祖父にあたる方と思える方が逆立ち状態になり苦しんでいるのが視えました。

そこで、電話で家族の方へ連絡して、直ぐ元に戻すようにお話をしました。

翌日の朝早くに母親の方から『治りました。ありがとうございます』と喜んだ明るい声の電話連絡がありました。

これだけですっかり治り、以前の元気な中学生に戻ったとのことですけれど、心霊的解釈をしますと、お位牌の状況を家族の誰も気づかないので祖父の方が困り、長男の中学生に強く訴えた現象だったんですね。

お位牌関係でこの様な事が他にも何件かありましたから、十分ご注意下さい」

「お位牌の扱いもお祀りするには気を付けなければいけないんですね。知らないでいると怖いですね。

本当にいろいろとありがとうございました。

振り返ってみますと私も結構意地っ張りで、負けず嫌いでしたが、これも考えると、先祖にそんな方がおられ、同じ様に苦しんでおられた方がいたからなのかな、なんて思います。

ご先祖の苦しみということが、まだよく分かりませんが、お祀りの仕方を含めて、主人と一緒に相談して努力してまいります。

それと、色々とご相談をいただけお代金はおいくらでしょうか」

「皆さんに、いつもご説明しているのですが、うちは喫茶店ですので、コーヒー代だけで結構です」

「それはありがとうございます」

支払いを済ませ大池さんは、先程とは異なり、優しい感じの初老の婦人の雰囲気をたたえ、ゆっくりと、そしてしっかりとドアに向かい歩き始めた。

私も、話を聞き終わってから、最初の重苦しい感じはどこかへ素っ飛び、大池さんにつられたのか妙に体が軽くなったようだ。

第三章

不倫の代償

不倫を突き動かす影の存在

マスターは、いつになく愚痴るでもなく、すっかり常連客になった私に向かってポツリと話し出した。「皆さん、相談にはよく来るんですけれど、結果の報告に来る人はほとんどいないんだよね。お願いしっぱなしだと、後で大変なんだけどね。それがわからないからしょうがないよね」つられるようについ私も「ハー、そうですね」なんて答えてしまった。

続けて、マスターは「神社仏閣へお参りに行く人がいますが、信心深いか、観光気分で行くのかでしょうが、十円のお賽銭で、たくさんお願いする人が多いのは、平和な世の中ということなんでしょうかね」と笑いながら話し「でも、お願いした後は、お礼参りをしなければ、後が怖いというのを知らないんでしょう。

神社などに祭られている神様は、その願いを受けて、お礼参りがなくとも、障りはないというか、祟りはないのですが、神社境内に居る眷属《けんぞく》（主要な神様に従属する神様や使者）は納得しないので、参拝者が真剣にお参りして、それが叶ったのであれば、お礼参りをしなければ、いやなことが倍返しになるかもしれないということです」と怖いことを言う。

突然言われ、理解を超えるし、返事の仕様がないので「はぁそうですか」と答えるしかない。

マスターとのこんな会話も、他にお客は二人しかおらず、その二人も仕事の打ち合わせなのか、長居しているわりに追加の注文もしないのと、新しいお客も来ないのでゆっくりできるということだ。

今日は、横浜で四時にアポが入っているが、まだ時間があるのでここで時間つぶし、ではなく時間調整中だ。

奥さんの「いらっしゃいませ」の声とともに、入り口を見ると三十代前半くらいのOLっぽい女性が入って来た。

ヒールを履いているからか、一メートル七十センチ以上はありそうな、小顔の中々の美人だ。仕事ができ何事にも自信がありそうな感じで、大股でカッカッと歩いて私の定位置のつもりの席の二つ隣へ座った。

「ホットコーヒーをお願いします」と注文し、ブランドのバッグを膝の上に置く。

その雰囲気とかなり高級そうなバッグに、なんだが気後れしてしまう。

マスターは、先ほどまで私と話していて準備をしていなかったため手早くサイホンに豆を入れながら、

「玉やブレンドでいいですね」と聞いた。

「はい」という返事とともに、マスターの動きはいつも通りに進む。

カウンターテーブルには、氷の入った水のグラスがすぐ出され、サイホンにお湯が上がるのを待つばかりである。一呼吸したところで、その彼女が「ご相談なんですが、お聞きいただけますでしょうか」と、急に弱々しいが迫る感じで、マスターに話しかけてきた。

「結構ですよ。コーヒーが出来るまでの時間に、あなたのお名前とご連絡先を書いていただけますか」

彼女は、断られるかも知れない不安から解放されたからか、ホッとしたような感じで、バックからメモ用紙を取出し、住所から書きはじめているようだ。

容姿の割には、あまり字は上手そうではない。そのおかげで、先ほどの負けそうな圧迫感から、今度は私が解放されホッとした。

まあ私も字が下手なので、字についてはこれ以上は突っ込みなしにしないといけない。

「コーヒーをどうぞ」とマスターが言えば、「これでよろしいでしょうか」と丁寧な、秘書か何かの仕事なのか、結構慣れている喋り口調で、メモ用紙をスッと差し出した。

「はい結構です。お名前は、岡沢さんですね。

お話はどんなことでしょうか。それと、ご相談時間は三十分と決まっていますのでよろしいですね」

マスターの顔をと見れば、すでに内容はわかっているという感じで質問している。

早速、岡沢さんというその女性はマスターに話し始めた。

「実は、私は付き合って二年になる人がいるんです。

その人は、職場の上司なんですが、会っている時は楽しくて幸せな気持ちなんですけど、家に帰り一人になると、私のことを嫌いにならないだろうかと か、明日も話をしてくれるのかと不安になってしまう毎日なのです。

だから、そのことを考えると、寝られない日もあります。それで、今後どのように、彼と付き合っていけば良いのか教えていただきたいのです」

「話を始める前に、お聞きしたいのですが、岡沢さんは、この店のことをどこで知ったのですか」

「はい、高校時代の友人から教えてもらいました。とても仲良しでいろいろなことを話せる人なんです。

彼女が、何年か前にこちらの近くの会社に勤めていた時、心霊相談をしていただいたと聞いていました。

これからどうしたらいいのか、いたたまれなくなってしまい、とうとう今日は、会社を午後から休んでお伺いさせていただきました。

厚かましいかと思いますが、ぜひアドバイスをいただければと思います。どうぞよろしくお願いいたします」

「わかりました。早速ですが、岡沢さんのお住まいは、鎌倉ですね。相手の方はどちらにお住まいなんですか」

「千葉県の浦安に住んでいます」

「では会社を挟んで、お互いが反対方向に住んでいるということですね。お二人がお会いする時は、会社の帰りですか、お休みの日ですか」

「すみません。相手は、妻子がある人なので、休日に会うことはできないので、会社の帰りだけなんです」と最後の語尾は消え入りそうな声となり、来た時はあんなに元気だったのが、段々とおとなしく、弱々しい感じでうなだれてきている。

私も男性なので、こんなシーンに遭遇すれば優しく肩を抱いて、なんて思う様な雰囲気を醸し出しているのだが、これは本心から彼のことを思い出し、うなだれたのか、マスターのアドバイスをもらうための演技なのかわからないが、思わず抱きしめたくなるような雰囲気である。

「お付き合いするきっかけは、あなたから付き合いたいと声をかけたのですか、それとも彼の方からですか」

「私からです。最初は彼の仕事ぶりがテキパキとしていて、男らしいなと思っていただけなのですが、仕事の合間に、私に優しくアドバイスをくれたり、食事に誘ってもらっているうちに魅かれていき、お付き合いをするようになりました」

「なるほど。男性が、仕事が終わった後に、個人的に食事とか、飲みに誘うのは、魂胆があってのことだから、上手くそれに乗ってしまったようですね。

会社での、勤務時間中にテキパキと仕事をするのは当然です。

あなたは、その方を贔屓目に見るから、漫画の島耕作のような人と錯覚したんじゃないですか」

「いいえ、彼は仕事では、他の課の課長さんと比べても、処理能力はあるし、業界とのコネクションも持っていて、群を抜いていると思います。

ですから、社内でも女性に結構人気があり、若い男性社員には、理想の先輩であり、上司になっています」

「そうですか。それで、あなたはその方とお付き合いするようになった。だから、他の女性には優越感を感じていますね。

私は、よく同じような悩みを持った女性から相談を受けていますが、中には他の女性からとか、相手の奥さんからの強い嫉妬が生霊となり、その生霊に取り憑かれて、子宮筋腫を患い手術で子宮を摘出してしまったという様な例をいくつか見ています。

女性に子宮が無くなれば、色恋問題も無くなるかということなのでしょう。相手の念がそこに取り憑くようです。

だが、今のあなたはそこまでは念を受けていない様だし、肉体の異常もないようで安心しました。

でも、精神的につらくて、ここから先は二人の関係をうまく進めない。と、そんなところの悩みですね？」

「えっ、生霊に取り憑かれて、子宮筋腫を患うことがあるんですか」

一瞬、岡沢さんの顔に驚きと、何もないと言われたことでホッとした感情が交差した。

しかし、相手の念が、病気まで引き起こすとは、念とは怖いもんだと改めて認識した。

岡沢さんは、子宮筋腫の話が出たのに、なぜか触れずに話を続けた。

「はい。私は彼の家庭を壊すつもりはありません。このことは、彼にお会いしている時に、何回もお話ししています。

そして、彼も子どもが大好きなので、今の奥さんと別れてまで私とは一緒になる気はないようです。ですが、彼は私に優しく、自分より素敵な人を見つけて幸せになって欲しいと。幸せになるまで、僕が見守ると言ってくれています」

感極まったのか、バッグからハンカチを取り出し目頭を拭き始めている。

こんな美人に心底惚れられるとは、毎日がハッピーだろうなんて思ったが、隣に座っている岡沢さんと自分の彼女の顔がダブり、思わず頭を振って妄想を払いのけた。

「あなたは、いつまで彼とこの様なお付き合いを続けるつもりですか」

「わかりません。どうしたら良いのかもわからないんです」

「会社の上司と、しかも妻子ある年上の男性との恋愛についての相談は、私もたくさんの方から受けています。

その相談される皆さんがそうですが、一時の肉欲の快楽に溺れ、その時は楽しく、相手も自分にはとても優しく、いたわり、包み込んでくれるような錯覚の時期が続き、人生で満たされた時間を過ごし、これ以上の幸せはないと感じているようです。

でも、自分の部屋に帰り、一人で電気のスイッチを入れた途端に、現実に目覚めるのでしょう。

それからは、答の出せない悩みと葛藤が続き、苦しみとなり、食事は当然水さえも喉を通らないようになった人もいました。

この先に来ることはわかっているだけに、よけい苦しく辛いことになるんですよね。

そして、最悪の場合には刃傷沙汰とか、裁判にまで発展していき、双方が不幸になっていくケースが多いようですよ」

「はい…」とだんだんか細く、最後の語尾が聞き取れない程の声でうなずいている。

私から見れば、その彼はこんな素敵な彼女にもてうらやましいが、ずっと愛人関係を続け、最初は彼女から近づいたにしろ、自分の家庭の方は守り、相手には幸せになってくれとかとハッキリ言っているけれど、とんでもなくずるい男だと思う。

こんなずるい男に、女の人は皆引っかかってしまうんだろうか…。

「本当は、あなたにはどうしたらいいのかがわかっているはずです。

だが、その答えを出すのが怖いから、この店に相談に来たのではないですか?

そして、自分が考えている通りの答えを求めようとしているのと違いますか」

マスターは、白い布巾でコーヒーカップを拭きながら、鋭い目線で彼女を見ているところをみれば、もう一部か全てかわからないけれど、彼女の人となりが、わかったのではないだろうか。どうもそんな口調だ。

「でも、どうしていいのか」

「もし、私があなたにすぐ別れなさいと言ったら、お付き合いを止めることが出来ますか？　出来ないですよね。

では、時々でいいからお付き合いしながら、彼の言うように、素敵な男性が現れたら、今の彼と別れられますか？　これもたぶん出来ないでしょう。

もしかしたら、あなたは新しく現れた男性と、彼との二股をかけるかもしれないと思いますよ。

そして、最悪の場合、彼の方が別れないで、と言ってくるかもしれませんね。

そうなったらあなたはどうしますか？　これは、実際にあることだし、新聞にも時々載っているような事件になることもあるのですよ。

あなたは、この様な問題で悩み、苦しんだことは初めてではないはずです。これから、お話ししたいと思うことなんですが、個人的なことになる部分があるのですが、お話ししてもよろしいですか」

「はい。ぜひお願いします」こんな話の展開だと、普通の場合であれば、よけい落ち込むんじゃないかと思うのだが、岡沢さんは段々と元気になってきている。これは何でだろうか。


「せっかく、うちのお店に相談に来られたのですから、他の人生相談などでは言わないというか、説明しないようなことを少しお話ししてみましょう。

まず、あなたの顔を拝見しますと、目の下の涙堂《るいどう》の部分が膨らんでいるので、体力的というか、精力的に強い方だと思いますね。

これは、仕事をしていく上では体力が必要ですから良いんでしょうね。

それと、あなたの目はクリクリとして可愛く見えるので、情熱的な感じを受け、明るい感じがしますから、男性から見ればとても好感が持てます。

そして、目じりの部分を『魚尾《ぎょび》奸門《かんもん》』と言われているのですが、その魚尾に小さなホクロがありますね。

それは、ハッキリは言い難いのですが、色難、多情で、貞節を守れない相と言われています。

ですから、今回のような問題は初めてではなく、何人かの男性とお付き合いをしてこられたのではないかと思われますが、いかがですか。

また、あなたはいわゆる小顔で美人系の顔立ちだから、見た目には素敵に感じますが、この様な顔立ちの方は性格的には気が動きやすい性格の人が多く、つまり浮気性ということなんでしょうか」

マスターは、会話のテクニックなのか褒めながらも、かなりストレートに指摘している。

そして、ときどき岡沢さんの頭の上の方を視ながら話を続けている。

「だから、今の続きでいえばお付き合いしてきた人が、何人も過去にいたのではないかと思われますが、それらのお付き合いでは、あなたからモーションをかけたケースがほとんどだったとみえます。

まだ説明すれば、いくらでもあるのですが、人相を説明するのが目的ではないのと、言えばあなたもあまり良い気持ちはしないでしょうから、ここらで止めますが、一つ褒めておきますと、耳たぶを垂珠《すいじゅ》といいますが、岡沢さんの耳はこの部分が肉厚で、大黒さんの耳の様に大きいのと、上瞼の部分を田宅《でんたく》と言い、ここも広くぽっちゃりとしてチャーミングな感じを受けます。

ですから、これからも金銭的には不自由しない、財産的には幸せな運をお持ちだから、これからもそちらの方面は良いと思いますよ。

ただ、ここで注意をしなければいけないのは、おしゃれで、耳たぶに穴を開けピアスをする若い人が多いようですが、ここに穴を開けるということは、財布に穴を開けるのと同じで金銭は貯まらず、入ってもそれ以上に出ていくことが多くなるでしょう」

人生相談だけでなく、相談者の人相から財産についてまで説明をしているのを聞くと、私もマスターに人相と将来の自分について見てもらいたい衝動にかられる。

「それと、上瞼の田宅部分をやはり美しくなりたいと、パッチリとした目にするため、メスを入れ二重瞼の手術をする人を見かけますが、ここも財産に関係があるので、整形手術はしない方がいいと思います。若い時で元気があり、健康であればそのマイナスの弊害はあまり出ませんが、歳を取り、年齢と共に元気体力が落ちてくると、顕著に出て来ますから、晩年は不幸になると考えられますので、ご注意下さいね」

人間は褒められると、喜んだり、うれしがるのは当然だが、相談の時とか、おそらく占いなども同様だと思うが、人相、素行での辛辣な指摘があっても余り憤慨しない様だ。むしろ嬉々として聞いている感じがあり不思議である。

全ての人が、マゾヒストではないのだろうけれど、けなされても褒められた時と同じように、好反応を示し、『もっと指摘して下さい』なんて反応も見かける。

だが、この反応については、私は専門家ではないのでとても答えを出せないのが本音だ。

「今のお話は、褒められているのか、欠点の指摘なのかわかりませんが、マスターの言われる人相について、褒められるところはうれしいんですけれど。

ただ、それ以外については、初めてお聞きするのと、財運については、そう言われてみますと、小さい時から、今までお金にはあまり苦労したことがなくて、困った時にはいつも借りることが出来たり、貸して下さる方が出てきて、工面することが出来るので助かっていました。

それを、お金に不自由しない人相だということなんですね」

「そうです。金銭的な話だけでなく、あなたの情熱、感情も顔に出ていますよ。

男性とのお付き合いについては、もう少し、自分で考えることですね。

感情で行動する部分を少し引いてみるとか、コントロールしていくようにしなければ、もっと酷い悩みに見舞われるようになるかもしれませんからね。

自分の感情、情熱のままで走っても良いのでしょうが、人生の花が満開で咲いている様な、良い時代はそんなに長くないですよ」静かな中にも厳しさのある口調である。

先祖が助けを求めて来ている

マスターの言う通り人間は、他の動物と違って感情、理性、知識を持った動物だと言われる。

しかし、そのまま欲情、感情のままで行動すれば感情だけの動物になってしまうのであろう。

そして、その結果はおそらく願っていることとは真逆の結果となるんだろうか。

「もう少し詳しく話していきますと、今の状態は、あなたの問題だけではなく、先祖からの色情因縁によるものだと考えられます。

それは何かと言いますと、自分がその因子を持っているから、『先祖霊が助けてくれ』とすがって来れば、その波動を受け因縁が動き出していくことになるのです。

そしてその因縁とともに、あなたの自我が欲しがる肉欲も絡み、何人もの男性とお付き合いをすることになってしまうのです。

ですから、そのことに気付き、どこかの時点で止めなければ、あなたも、限られた人間の寿命のなかで、色々なタイプの色情因縁に悩まされることになるでしょう。

具体例をあげますと、八十歳、九十歳になり老人施設に入っている高齢者であっても、色情の因縁を片付けられていない人は、狭い施設内での高齢者同士の男女のトラブルで新聞に載るような事件を起こしているからおわかりでしょう。

つまり、現世において色々な因縁があり、それを人々は苦労しながらひとつずつ消していくことになるのですが、色情因念だけは、消すことが非常に難しいものです。

ですから、これを消すのには、相当に本人の努力が必要となるのでこの因縁を解消したいと思うのなら、覚悟してこれに取り組むことです。

もちろん、ご説明しているくらいですから、あなたに依頼されればそのためのお手伝いはします。

あなたはこのまま気付かずにいけば、ある時を境に周りには誰もいない、一人ぼっちなんてことになるかもしれませんからね。

何故なら、孤独ということが顔に少し出ていますから。

しかし、これ以上人相とか岡沢家の因縁について色々話すと、あなた自身が知らないことなので、脅かすようなことになるし、精神的に落ち込んだり、悩むことになるので触れません。それでいいですね」

最後は、強い口調で話の段落を付けた。

マスターは人相も見ることができるのか。初めて聞いた話で面白そうだ。興味があるが、自分で見られるようになるのは難しそうだから、マスターの話を聞くだけにしておこう。

しかし、聞けば聞くほど、岡沢さんという女性は、自由奔放だ。

「ごめんなさい。今まで結構自分勝手にやってきて、周りも私を受け入れてくれていたものですから、ついその気になって、こんな話をしてしまい申し訳ありません」

「いえ、相談なんですからあやまる必要はありませんよ。

それと、もう一つお話ししておきましょう。

あなたは、まだ結婚されていないのでご実家の因縁を引きずっていますね。それは、生家の岡沢家に関連することになると思います。

あなたのご先祖は、主流，傍流の家系を入れてざっと計算すると、十代前の先祖の人たちは、江戸時代の頃でしょうが千人以上がおられたはずです。

これは少ないなんて思われるでしょうが、当時の日本の人口は三千万人位しかいませんし、今と違い各藩との人の行き来もありませんから、相当に密度の濃い親戚関係だということになるでしょう。

そして、二十代前の先祖は戦国時代だから五、六百年ほど前でしょうが、百万人以上がおられたはずです。

この時の、日本の人口は千二百三十万人位ですから、先ほどより、もっと濃い身内ばかりということではなかったんでしょうか。

そして、三十代前はとみれば九百年ほど前になるのでしょう。

ご先祖の人数を計算してみると、十億人以上おられたという計算になるのですが、これは今日の日本人口が一億二千万人ですので、その何倍以上があなたの先祖だということです。

別な言い方をすれば、だいぶ前に流行ったキャッチコピーがありましたが、えーと確か『人類みな兄弟』だったかな。

その十億人の子孫があなたですが、もしかしたら、今の日本人のほとんどが、あなたの遠いご身内かもしれませんよ。

ま、これは冗談と受け取っていただきたいんですけれど。

そして、その多くの先祖の中には、学者もいたでしょうが、武士で人を斬った人がいたかもしれないし、金品を盗る者、それを捕まえる者も数多くいたと思います。

それだけでなく、女性にもてた男性、男性にもてた女性も三十代前の先祖は十億人ですから、想像がつかないくらいに、これらの因縁を持ったご先祖が数多くおられたはずです。

その多くのご先祖は、生前に良いこと悪いこと、色々とやってきたでしょうが、そのうちの良いことは感謝され、悪いことは恨まれ、憎まれていたと思います。

そのうちの、先祖の行った良い行為については、これは悪い行為と相殺されるようです。

だから、それなりに、悪い部分、これは因縁といった方がいいでしょうが、相殺され消えていったものもあると思われます。

問題は、私達が悪いと思うような行為、もう少し具体的にいうならば、人を苦しめる、悲しめるような行為、騙すとかの行為を行った場合、相手の人から、恨まれ、憎しみを受けた場合、それらが岡沢家の因縁として残ってしまうのです」

「因縁が残り、それを子孫の私が片付けるということなのですか？」

「そうです。その通りです。因縁が生じても、それを、その時の先祖が良い行い、つまり善行により帳消しにして、相殺しておけば良いのでしょうが、ほとんどの先祖はそれをしないままに亡くなって死後の世界である霊界へ行き、自分が行った行為に何百年と苦しんでおられるようです。

霊界は、肉体のない精神だけの世界なので、自分が考えること、相手が考えること、全てをどんなに隠しても肉体のない魂だけの体なので、すべお見通しです。

ですから考えを改めて、脱出しようにも周りに全てがわかられてしまい抜け出すにも抜けられない状況となるのです」

「この世で、好き勝手に行動し、みんなを苦しめたら地獄へ行くということは知っています。

でもそれとはまた、違う無間地獄なのですか？

いくら生きていたときの悪い行いを悔いても、いつ果てるともわからない苦しみの世界にずっといる。まさに地獄ですね。それを救うことが出来るのは、今生きている子孫の私達ということなのですか？」

「その通りです。さすが素晴らしい頭脳をお持ちだ。理解度が高いといいますか、わかっていただくのも早いですね。

だから向上していこう、まともになろうと思い反省しても、仲間に引っ張られたりして、その霊界での居場所を抜け出していくことが出来ずに苦しんでいるようです。

ご先祖たちの多くの苦しみ、つまり因縁ですが、その一つの因縁解消についてご先祖があなたを頼り、今回は色情因縁として、先祖霊があなたに取り憑き、何らかの方法で解消して欲しいと願ってすがってきているのです。

ところが、あなたは自我を前面に押し出し、先祖が『助けて』とお願いしている色情因縁の解決を図るどころか、自分の感情のまま、助けを求めて来ているご先祖が生前行っていたのと同じ様な、人生の送り方をしているのです。

そして、先祖の持っている因縁以上に肉欲に溺れているというのが、現実ではないのでしょうか。

あなたが、男性と遊んだりすることについて、人間は神から自由意志を与えられていますから、私は何も申し上げることはできません。

ですが、『何とかしてくれ』と、頼ってきている先祖の願いを、あなたが聞かないで自由奔放に生活をしているのであれば、そのうちに大きな事象として、あなたの身に何か生じることになるかもしれませんから、十分注意することです」

「そういうことなのですか。マスターのご指摘の通り、確かに何人かの男性とお付き合いをしてきまして、それは全て私から声を掛け、お付き合いが始まったというのも本当です。

でもどの人とも、一年位で別れていて、今の彼とのように二年もお付き合いが続いているのは初めてなのです。

なぜ、長く続くかといえば、同じ会社ということもあるのでしょうが、彼は他の男性とは違う包容力があり、優しいからだと思うのです。

今までは、色々な方とお付き合いをしていても、このような心配とか、どうしたら良いのかと悩むような感情は出てきませんでした。

でも、マスターが言われた、亡くなった先祖霊の方が私を頼って来るから、以前には起きなかった感情が出てきたのでしょうか。

それと、もう一つお聞きしたいのですが、マスターは私に憑いている先祖霊の方がわかるというか、視えるのでしょうか」

「はい。その通り視えていますし、側におられる霊の話すことも聴こえています」

マスターはこともなげに霊が視えるとか、話をすることができるとかすごいことを言う。

しかし、視えたり話をしたりするというけれど、いったいどのように視えるのか、どのように話をするのだろうか？　興味が湧いてくる。

そう思う私の心を読んだのだろうか。私が疑問に思うことについて、マスターは話をし始めた。

因縁を解消する役目

「岡沢さん、今、あなたを頼って来ているご先祖霊、背後霊との会話をしているところです。

ですから、あなたに関することは大体わかるのです。

ですが、あなたを頼ってきているご先祖方について私がわかる範囲でお話ししても、あなたはその方をご存じないでしょうし、ご先祖の因縁を事細かにお話ししても、あなたがそれを行ったのではないですから、その内容について話すことにより、あなたを脅かしたり、不安に陥れるようなことになるから説明はしません。

私が話していることには、いくつかの選択肢がありますから、その中で一番良いと思われるもので、あなたのこれからの人生がより良く送れるようにと、お話しさせていただいています。

そして、『このようにした方が良いですよ』とお伝えはしますが、どれを選ぶかはあなた自身だということです。

それと、あまり視えるとか、聴こえるとかのお話はしたくないのですが、あなたの体から出ているオーラも視えます。そのオーラを視れば、あなたの日常生活でのトラブルや体調、健康状態も分かります。

ですが、ここで視えるとか聴こえるとかをお話しするのは簡単ですが、説明をしたから良くなるとか、うれしくなるということはないでしょうし、逆にあなたが知らないご先祖霊とか、背後霊のことを話すことで、先ほどお話しした様に脅かしたり、不安がらせるようなことになるから、お話ししないようにしているのです。

また、あなたの背後霊から、『これと、これは話さないで欲しい』と言われたものもありますから、いくつかのことがわかっていても約束事なのでお話し出来ないのです。

それと、岡沢さんの思われる通りに、ご先祖霊があなたを頼って来ているのですから、その因縁解消するには、あなたが頼られていることで因縁が起きてしまい、困っている今こそが、改善していく、つまり因縁を解消するための最高のチャンスだと思います」

「色情因縁を片付けろと言われても、今の彼と別れるのは身を切られるより辛いのです。

別れなければと、頭でわかっているのですが、現実にはとても辛くて出来ません」

「先ほども申し上げましたが、人間には、神から自由意思が与えられており、何をしようが、どの道を進もうが、その者の判断に任されています。

ですが、正道を踏み外したその行為、考えについて、この世で解消、清算するという形で責任をとらなければならず、先ほどお話ししましたように、あの世へ行ってから、また、同じことの繰り返しとなり、さらに苦しむことになると思います。

その苦しみは、あなたが亡くなれば、あなたの霊魂だけでなく、あなたの子孫になる人も、同じ苦しみを、後世に亘り味わうことになるでしょう。

今は彼のことを思い出すたびに、胸が締め付けられるほど、悲しく苦しいと思いますが、それでも息抜きをする時間はあるはずです。

先ほどもお話ししましたが、あの世では、精神世界で魂がむき出しの状態だから息抜きする間もなく、その苦しみは、あなたが想像出来ない程であり、想像がつかない程の長い年月の間続くことになるそうです。

そして、その問題が片付けられない場合は、自分の魂の、その片付けられない部分の魂が、再び誰かの肉体に宿り、この世に生まれ変わって来ることになり、再び同じ過ち、苦しみを味わうことになる、つまり無限地獄の苦しみを味わうということになるのです。

ただ、この場合の生まれ変わりは、今のあなたの肉体で生まれ変わるのではなく、魂の生まれ変わりですので、二度と同じ肉体で生まれ変わることはないということですから、勘違いしないで下さいね。

霊界とか先祖霊とか生まれ変わりについての話は、初めて聞くことかもしれませんが、あなたが知らないだけで視えないけれども存在することなのです。

一般の人は、このような話を聞けば、知らないということと、考えたこともないから半信半疑でしょう。

さらに学者ともなれば、話も聞かずに真っ向から否定し、『そんな世界はない。死ねば無だ』とか言っています。しかし、霊が視えない、霊からの話が聴こえない人が、それについて研究をしたこともないのに、最初から否定すること自体、それらを論じる立ち場ではないと思いますよ。

学者なら、研究してから否定して欲しいと思いますね。

あっ、ちょっと逸れてしまいましたが、話を戻しますと、今の苦しみは、何年か経てば、忘れられるわけですから、私が説明したことをよく噛み締めて、正しい決断をするのか、それとも、今まで通りのあなたの考えで行動し、人生を送っていき、若くして亡くなるか、年老いてからかはわかりませんが、あの世へ行ってから無限の時間、苦しみを味わうことを選ぶのかは、今のあなたが決めるしかありません。

あなたが、私に相談をするために来たということは、この因縁を片付ける最後のチャンスでもあるのでしょうから、決断することです。おそらく、これがあなたの因縁解消のための最初で最後のチャンスかもしれません」

人間の自由意志と約束事

すごい話を聞かせてもらっている。

私にはほとんど信じられないというか、わからない話ばかりだ。

だが、人間には自由意志が与えられ、どの道を選ぼうが本人の意思に任されている。しかし、正道を踏み外す行為をすれば、新しく因縁を作る可能性があるようだ。なんだか試されているみたいで怖い気もしてくる。

自分の行動で自分の魂だけでなく、子孫までもが、想像もつかない苦しみに陥るのであれば、今からの行いは、注意して何が正しいかはよくわからないけれど、人から恨みをかわないようにしていかなければと思うが、果たしてこれで正しいんだろうか。

正しい人生を送れば、立派な人になるなんてことは、今まであまり考えてこなかったけれども、死後の世界に関係してくるとは知らなかった。まずは、道徳でも改めて研究するかな。

生まれ変わりの話もでていたが、当然、今の肉体は死ねば焼かれて、灰になるか、朽ちるかのどちらかだから、この肉体で生まれ変わることはないと思っていたので、魂だけが生まれ変わることはすごく理解出来きた。

しかし、頭がこんがらがって来た。コーヒーブレイクとカップの底にわずかに残る冷たくなった液体を飲み込み、少し考える時間を作る。

そう、先ほどマスターは、霊が視え、霊と話もしていると言っていたけれど、よくよく考えて、思い出してみれば、今までも相談者と話しはしていたが、その人の頭の上の方を見て話しをしたり、肩越しに見て話している時間が結構あった。

今日の話を聞かなければ、マスターは相談者の眼をよく見ないで話す照れ屋なのか、悪くいえばよそ見をして人の話を聞いていないと解釈するところだったが、これで十分に理解が出来きた。

つまり、マスターは相談者の頭の上の方に存在する霊と話をしていたことになるんだ。

岡沢さんが、しばらく黙っているのを見ると、どうしようかと考えているのだろう。

私も、たたみ込むように霊の世界の話、生まれ変わりの話を聞いて、場合によれば子々孫々まで、同じような因縁で苦しむと言われれば、考えざるを得ないのと、自分の今までの行動の結果について、決して正しいことばかりだとは思っていないので考え方と行動を見つめ直して、気持ちだけでも十分反省し、改めていかざるを得ないと思う。

しかし、できるかどうかの不安も生じてくる。

岡沢さんはしばらくの沈黙を破り、話し出した。

「マスター、お話をありがとうございました。

私は、これまで霊とか先祖について何も興味はなく、他の友達のようにパワースポットとかにも全く興味がありませんでした。

ですから、マスターにご相談する時、最初はあまり信用してはいませんでした。

ですが、背に腹は変えられないと申しますか、今の私は崖っぷちに立った状態で、失礼ですが藁にもすがる気持ちでお伺いしたのです。

しかし、今は本心から助けていただきたいと思っています。

仕事についてですが、先ほどお褒めいただいた人相からのお話の通り順調にこなせています。

もちろん、今までに転職は一度しましたが、現在の会社ではそこそこのお給料をいただき、文句は全然ございません。

そして、職場とか大学時代の友人との付き合いですが、旅行や飲み会があれば出かけて行きますが、その時々に、お付き合いしている人がいましたから、職場の人たちとのお付き合いなどは、程々でこなしていたので、深く付き合うような友人、同僚もほとんどいない状態です。

それ以上に、その時その時の恋人とのお付き合いで忙しく、こんな言い方はごめんなさい、周りを見ることもなく、楽しい時を過ごしていました。

ですが、今お付き合いしている彼との付き合いの中で、この様などうしたら良いのかとかいう様な疑問と申しますか、悩みが出てきたのは初めてでした。

こうしてマスターとお話しさせていただいた中で、いままでは考えられなかった、ご先祖霊とか、因縁のお話をお聞きし、目が覚めたような感じを受けました。

今三十代になったから理解できたのか、もう二十代のときのような若さがなくなっていくから、その焦りなのかはわかりませんが、自分の人生を考え直したいと思います。

もちろん、彼と別れるのは辛いことですが、何とか考えて答えを出してみたいと思います」

「お話を、ご理解いただけたようですね。

これからの長い人生を、彼との問題で苦しんで送り、その苦しみを彼の奥さんにまで広げ、その方の家庭を崩壊させるまで行くことを望むのか、ここで何かを吹っ切り明るく人生を送るかは、自分で決めるしかありませんから。

それと、苦しんでいるご先祖霊があなたを頼って来ているので、お祀りするといいですね。

お墓参りすることも、お考えなさると良いですね」

「今私は、マンションに一人で住んでいますので、仏壇もなく、お墓参りも小さい頃両親と行って以来行ってませんので、お墓がどこにあったのかわからないのです」

「仏壇が無くても、整理整頓した部屋のここが仏壇だと、場所を決めて、また、お位牌がなくてもよろしいですから、毎日お水をあげてご先祖霊をお祀りするといいでしょう。

でもこの時に、般若心経など、お経は上げない方がいいですよ。

何故かといえば、お経をあげた時にあなたの側にご先祖霊が集まってくるかもしれません。しかし、修行したお坊さんと違い、あなたは集まって来た霊を成仏させる手段をお持ちでないから、その霊の方々の行き場がなくなり、新たな問題が生じるかもしれないのです。

ただし、お経を上げることについては色々な説がありますので、あくまでも私からのアドバイスとしてお聞きください。

お墓については、あなたのご両親にお聞きして、これからはご一緒にお墓参りをされると、ご先祖様もお喜びになるでしょう。

それと、実家になるんでしょうか、親元にお帰りになったら、まずは、仏壇にお参りすることを忘れないことです。

そして、仏壇の前に座ったら、あなたを頼って憑いてきたご先祖様の霊によくお話しをして、浄化向上されるように十分に御祈念されることです」

「わかりました。今日帰ったら、早速母に電話します。

本当にありがとうございました。あの、ご相談料はおいくらくらい御渡しすればいいでしょうか。

用意をしてきたのでお支払いできます」

今、マスターと話している姿には、店に入って来た時と同じ、颯爽とした感じが戻っている。

自信を取り戻した感じの岡沢さんは、席を二つ置いて見ても、何かまぶしく感じてくる。

「玉やでは、相談料はいただいておりませんのでコーヒー代だけで結構です」

マスターも穏やかな表情だ。

外で、十月の澄んだ風を早く吸いたいのか、彼女はレジで支払いを済ませると、マスターの方を振り返り一度深々と頭を下げ、ギーと木製のドアを開け大股で道路へ出て行った。

窓越しから岡沢さんの背中を追った。

大きく深呼吸をしている姿が見えたが、それは今までのものを吹っ切るかのように見えた。

これで彼女も変身できるのではないだろうか。

なんだか他人事ながら、ひと仕事終わった感覚だ。

さて、私もこれから、仕事の世界へと戻ることにしよう。

第四章
職場の嫌な相手との毎日

起き上がれないくらいつらい毎日

最近はあまり言われなくなったが、少し前までは、新入社員の五月病がよく話題に上った。無気力、不安感、焦りなどの症状を訴え、不眠、過剰な疲労感、食欲不振、やる気が出ないということでうつ症状を訴え、入院加療とか、それが原因で退職する人が話題になっていた。

何故、最近はマスコミもこのことを言わなくなったか考えてみたところ、あまり良い答えは出せそうにないのだが、閃いたことは、京の計算速さを競うコンピューター時代に入り、三六五日信じられないスピードで全て処理しなければならなくなってきているためだからか、年中、仕事、対人関係、家庭問題などでストレスを感じ、精神的な問題で悩んでいる人が多く、五月病としてとらえる意味がなくなっているからかと結論を出してみた。

若い社員は、慣れない仕事ということもあるだろうが、今まで高校、大学と親の庇護の下で育ち、急に寒風吹き荒れる社会に出てくるわけだから、そのギャップたるやすごいものだと思う。精神面、ひいては肉体にまで影響を与えてしまうから、年中いわゆる五月病患者が増える、ということになるのだろうか。

そして、小さい時から勉強勉強で来ている人にとっては、中学、高校、大学と目標をたてて、そこを越えた後に会社に入り、異次元の社会で短期間であっても荒波にもまれ、次の人生の目標を見い出せなくなる。

その結果、何をしていいのか分からなくなり悩んでしまうというのが、現実かと思う。

だからか、せっかく大学を出て就職しても、自分の考えていたのと社風が違うとか、希望するポストに就けないとかの簡単な理由で退職し、フリーターとなっている人を多く見かける。

かくいう私は、中学、高校と成績は中程度で、大学はそこそこのところに入り、やっと卒業できたのだが、学生時代はスポーツをしていたからか悩むとか精神的ダメージということより肉体疲労の方が強かったのを覚えている。

これは社会に出ても同じで、特に営業だからかもしれないが、靴底の減る分だけ、二十九というこの年齢でも結構体が疲れる。

今、この話をしているというのは、やはり私が玉やに来て、コーヒーを飲んでいる時に、相談に来た人の話に関連することなので、その時のシーンをビデオ再現的に話してみよう。

先日のことである。

すでに私の定位置となりつつあるカウンター席の二つ隣の席に、若い男性が肩を落としてそっと座った。

覇気がなく、暗く落ち込み、一つのことを思い詰めている様な雰囲気がプンプンしていて、あまり側に寄りたくないタイプだ。

「ホットを下さい」と注文して、フッと一息ついている。マスターが、「玉やブレンドでいいですね」と言うと、力なく「はい」と答えた。

多分この男性は心霊相談に来たんだろうと思った時、珍しくマスターの方から「どうしたんですか」と問いかけていた。

男性は「実は、ご相談に乗ってもらいたいことがありお伺いしたのですがよろしいでしょうか」と心細い感じで聞いている。

「いいですよ、ただあなたのことが全然わからないのではしょうがないので、お名前と連絡先を教えて下さい」

男性は、黒いバッグから紙を取出し書き始め、マスターは書いている間にコーヒーを淹れようと思ったのか、素早く手慣れた手つきで仕事を始めた。

サイホンにお湯を入れ、ランプで下から焚いている時に、何を言っているのか聞こえないが、そのお湯に向かっていつもの動作のとおりに、『むにょ、むにょ』とやっている。

これで一味違ってくるのだから、この『むにょ、むにょ』はすごい。

「書きました。これでよろしいですか」

マスターは書いた紙を見て「はい結構です。ただし、お話は三十分ですがよろしいですね。

それでよろしければ、話して下さい」

話を横で聞いていたのでわかったことだが、この男性の名前は伊藤洋、三十一歳で独身。三人兄弟の、姉二人の末っ子長男で、座っているので分からないが私よりも背は高そうな感じだ。

これは、典型的な末っ子ボンボンタイプかなとついつい見てしまったのだが…。

「会社は上場こそはしていませんが、職員数は結構多く、私はそこの総務課で仕事をしています。

課には女性が多く、他の課の同僚からは羨ましがられているのですが、現実はなかなか人間関係が大変なんです。

会社にいる時間中前後左右と女性に囲まれていて、お化粧の匂いで息苦しいぐらいで、さらに昼休みとか仕事が終わった後は女性同士雑談をしているのですが、その中にはとても入っていけない状態です。

そこにいない人の話、上司だけでなく会社の人間関係の棚卸についての話題が多く、とてもとても無理なんです。

それだけならば大した問題ではないんですが、その女性たちからパワハラを受けているんです。お客さまからの電話は取次ぎをしてくれないですし、こちらから話しかけても返事もしてくれない状態で、徹底的に無視されているのが、今の職場におかれている私の現状です。

さらに、自分ではそんなつもりはないのですが、暗いとか、適切に仕事をしているつもりでも、仕事処理が遅いとか陰では言われています。

それで、自分でも段々嫌になり落ち込み以前は男性仲間との飲み会にも参加していましたが、断っているうちに、誘ってもくれなくなりました。

そのことが家で姉に囲まれている状態とオーバーラップして、益々嫌になり早く異動させてくれないかと本気で考えています。

このことを係長に話したら『ハイハイ』と言ったきりで、何もコメントがない状態です。

ですが、仕事内容をまとめ報告すると、かなり強い口調で毎回のように内容について指摘され、同僚の前で叱責されて、私の説明を理解してくれないのです。

そんな状態なので、最近は夜寝床に就いても日中の出来事を思い出しては悔しくて、なかなか眠れなくて毎日睡眠不足の状態です。

体調もどんどん悪くなっていくようで心配です。

ですから、毎朝起きて会社に行くのが段々と億劫になってきています。

今の話は、人間関係についてですが、仕事の上でみれば同期で入社した仲間は、私を入れて男性三人、女性一名だったんですが、他の男性の二人は、昨年の四月に係長に昇格し、私だけ遅れています。

自分なりに、仕事は一生懸命にやっていますし、その処理能力は十分にあると思っています。

会議でのプレゼンテーションも、そこそこなしていると思っているので、係長になった二人とは決して遜色はないと思うのですが、何で私のことを正当に評価してくれないのだろうかと、このことも心にわだかまっていることです。

昇進にも遅れ、上司は正当に自分を評価してくれないし、同僚にも溶け込めない私は、無理にでも配置転換を頼むとか、これから転職したらいいのか、どの様な身の振り方をしたら良いんでしょうか？教えていただきたいのです。

このまま職場にいたのでは、精神的におかしくなりそうです。

職場が浜松町にありますので、前から玉やさんのことを知っていましたので、ご相談に伺った次第です」

と、一気に今まで心に溜めていた鬱積を吐き出すように、マスターに説明をした。

マスターは、長い説明というか愚痴を黙って聞いていたが、「伊藤さんの話はよくわかりました。いくつかの話を分けて説明出来るということから、ものの考え方とか仕事の能力について、また真面目であるということは、職場でもっと評価してもらえると思いますよ。

ただし、ここでお話を受けて、ご説明する時にですが最初にご理解しておいてもらいたいのは、一般的な人生相談の回答もしますが、心霊的な回答をするということですがよろしいですね」

「はい、わかりました」

「伊藤さんの話について、まず一般的な回答から話したいと思いますが、聞いていると愚痴に聞こえてしまうのです。

何故かといえば、仕事についてから先にご説明しますと、『上司が自分をもっと理解してくれたら』とか、『転職したらいいだろうか』と考えているようですが、理解するのは相手であってあなた自身が考え、望むように相手の人は考えていないということと、転職すればもっと素敵な職場環境と、恵まれた上司がいるだろうとか、まだ見ぬ世界の、将来行けるかどうかもわからない職場への夢とか、幻想に浸っているようですね。

あなたを評価してくれない係長は、その評価する能力が無いのかもしれないし、現在のあなたの落ち込んでいるパワーというか、逃げ腰のあなたを適正に評価しているのかもしれません。

上司が、きつく部下に叱責とか指導するということは、あなたに期待して伸ばしたいためにする場合と、ミスを無くしてもらいたいから強く言う場合、そして人間同士ですから馬が合わず、気に入らないからただ単にいじめとは言い難いのですが、必要以上に強い叱責をするなんてことがあるのですが、どちらでしょうか」

「私としては、後の『気に入らないから、良い内容の報告であっても、あえて評価せずに逆に文句を言っている』と感じています」

「あなたからは、そう評価するのでしょうが、私から見れば、あなたに対して、それらのどちらも同じ意味である感情を持っているから、きつく言っていると思います。

また、職場での対人関係が悪いと言われますが、そこでの仲間との関わり合いにおいて、自分の心がどのように動かされ、動いているのかということを知ることであり、そして自分が相手に対しての、言葉使い、礼儀などを失していないか、今置かれている自分の立場をわきまえているのだろうか、ということについて、一歩下がるというか、別の角度から自分の行動を良く見つめてみることです。

相手の人からあなたを見て、特に目立つところもなく、劣るところもない普通の状態であれば、今あなたが感じることは起きないはずです。

別な言い方をすれば、あなたがタバコを吸わないとした場合、周りのたばこを吸う人を意識することになるでしょう。

それは、『こんなところでタバコを吸っている!』という行為だけでなく、吸殻をポイと捨てることまで気になると思います。

また、電車の中であなたが携帯電話とかスマートフォンを使っていれば気付かないでしょうが、使わない場合では使っている人達に対しては、妙に気になり、それがエスカレートすれば、『車内のシルバーシートでは電源を切ると書いてあるだろう』と、目で相手を強く批判するまでに心が反応すると思います。

それと、道を歩いていたり、やはり電車の中などで、知りもしない人に、突然に突っ掛かられるとか、絡まれることがあるでしょうが、それもあなたの置かれている心境が、人に反論するとか、揚げ足を取るとか、同じように突っ掛ることをしているから、相手の人があなたの心を行動で表現してくれているのですよ。

『人は鏡』という言葉がありますが、自分の身の周りに起こる事柄は、今自分がやっている行為、考えていることを他人が表現していることですから、他人に対して表現が違うだけで、気になる事柄と同じようなことを、自分が行っているということになるのです。

だから、他の人が行っている行為が特に気になるという現象があれば、その原因に早く気付いて自分の行動を修正するとか、正していくことです。

もし、あなたが職場の皆さんに気負けして、ここより良い職場がないかと捜し回り、新しい会社へ転職して理想の会社へ入社できたとしたら、あなたは新規採用の一年生で、一番の末席のポストに座ることになるでしょう。

つまり、自分としては、今現在は『能力があり、係長になりたい』と思っていたんでしょうけれど、正当な評価をしてくれないとの愚痴から、末席に転落ということになるんですね。

それと、転職先でも今置かれているような仕事の状況と、人間関係が共に改善するとは絶対に保証は出来ないと思います。

それよりも、『現状から逃げた』ということは、そのマイナスの考え方が、ずっとついて回るということになるでしょう。

ということは、今の職場と同じことの繰り返しか、もしくはもっと悩むこと、困ることが出てくることになります」

一般的には、転職という言葉は耳触りがよく、新しい世界で自分の能力を発揮するんだなんてことになるのだろうが、マスターの話を聞けば確かに一からやり直しをすることになる。

そして、その職場がどんなにいい職場なのか、自分が希望するように昇格できるかどうかは未知数で、吉と出ればいいけれど、その反対であれば、転職しなければよかったなんてことになるんだと思うと偉そうに言ったが、これは私の友人の言ったことをそのまま受け売りで述べただけだ。

マスターは、伊藤さんの目を見て、しかも力を込めて再び話しはじめた
「このことは一般的な結論と、心霊的結論も同じになりますが、相手に理解を求めるのではなく、自分から、自分の考え方を改め、今の職場で一生懸命に仕事に取組んでいくことで、気付いた頃に、上司のあなたを見る目も変わり、先ほどの二人の係長と同じように出世もしていくことが出来るんではないかと思います。

さらに、考えていくならば、理想の会社を求めていき、転職を何回も繰り返したとしても、あなたが考えている理想のすばらしい会社、すばらしい同僚がいるならばいいのですが、私が知る限りではそのような会社は世の中にないと思います。

ないというその事実を受け入れ、あなたのためにに回転していくような夢のような会社はこの世に存在しないんだと知ることです」

ズバリその通りだと思うが、彼はどんな気持ちで聞いているのかが気になる。

「あなたの会社で、他の課の同僚にでも聞いてみればわかることですが、同僚の誰もが、夢のような会社はこの世に存在しないことを知っているから、あなたのようなマイナス思考には陥らず、先ほどの女性社員の愚痴話、人事の棚卸の話程度で終わらしているのです。

チルチルとミチルが、青い鳥を探しに行ったお話がありますが知っていますか。

それは、『幸せの青い鳥を探したけれど、世界中に

いなくて、気が付けば自分の側にいた』という話ですが、これは今の苦労している会社が青い鳥ということになるんでしょうかね」

伊藤さんに向かいマスターが一気に話しているが、私がこれまでに聞いてきたなかでも、結構熱が入り力のこもった説明をしている。

もしかしたら、マスターも喫茶店を始める前に会社勤めの経験があり、その中で苦い思い出があったのかなと、思索を巡らしてみたんだが、直接聞くわけにもいかないので、これはパスするとしよう。

「私が、その青い鳥を探すというか、捕まえるのは具体的にどうしたら良いんでしょうか」

「新聞などでの人生相談欄での回答は、私の話よりもっと人の心理をとらえた、適切と思えるような回答がされているようですが、ではその話を聞いて、それでその人の人生は好転していったのでしょうか。

悩みを打ち明ける側の相談者は、結果よりも悩みを話すことで、そのエネルギーを昇華して安心し、回答する側は真剣に回答はするが、悩みの奥にあるものを解決していないから、相談者の本当の回答には至っていないので、悩みはまだまだ続いていくと思います。

では、どうしたら良いのかということですが、私の考えをさらにご説明する前に、いくつか質問をしたいと思います」

「はい、答えられるかわかりませんが、お願いします」

積善の行為が人生を変える

ここからがマスターの真骨頂。

伊藤さんには申し訳ないが。マスターの回答には興味津々だ。

「伊藤さんは、ご両親とお姉さんに囲まれた温かい家庭で、私から見れば小さい時から羨ましい育ち方をしたんですね。

それが、ご自身の解釈の仕方で、女性コンプレックスに陥っているようです。

だがそれは、過去のこととして忘れ去り、せっかくここの店に来られたんですから、私の話を聞いて、明日から一皮剥けた、素敵な男性になって欲しいと思います。

質問と言っても、そんな難しいことではないのですが、始めにあなたは人のために何か積善とか、無償のボランティアをしていますか。

それと、あなたの家のご先祖様にお線香をあげ、朝晩にご挨拶をしていますか」

「学生時代に、アルバイトをしたことはありますが、積善とかボランティアはしたことはありませんし、考えたこともありませんでした。

それに、家に仏壇はありますが、手を合わせることもないので、お線香をあげることもありません」

「そうですか。それは残念ですね。積善からお話ししますと、陰徳とも説明されるのですが、人のための無償の奉仕であって、誰に褒められるでもない、人の幸せのため、喜んでもらうために行う、隠れた行為を言います。

褒められたり、代償としてお金をもらって行う行為は、ビジネスですから陰徳とは言いません。

この積善の行為とは、自分に生じる俗にいう嫌な出来事、忌む事柄、病気平癒のお願いのため、そして重たい因縁を少しでも軽く解消してもらうための、つまり因縁解消のための最善の手段だということです。

もし、隠れた行動が出来ないということであれば、この世は現金なものですから、どこかの慈善団体などに匿名で寄付行為をすることも一つの方法です。

ですから､自分の身辺に､家族に生じる困った問題、病気とか、解決できずに悩む事柄である問題、因縁と表現してもいいかなと思うのですが、それが大きければ大きいほど陰徳を積んで、起きている嫌なことや存在する因縁と、積み上げた陰徳で差し引きゼロとまではいかないでしょうが、解消するようにしていかなければならないと思います。

つまり、陰徳を積み、その陰徳で現在苦しめられている因縁を相殺して消していくようにするのです。

しかし、多くの方は家庭問題、金銭問題、恋愛問題が発生して苦労したとしても、それにガンなどの重篤な病気に罹患しても、単なる問題として片付けようとしたり、治療すれば治るんだとしか考えないようです。

ですが、因縁とは見える範囲での解決では決して消えることはなく､形を変えて､現在に生じるか､子々孫々のどの時点で生じるかは、神のみぞ知るということになります。

あなたに勢いがあり元気な時は、その因縁はあなたに生じてはきませんが、年老いてきたころ、また病気をしたり、勢いが落ちるとか、人生の浮き沈みでの、沈んだ時にそれらはドッとあなたに襲いかかるように､嫌な､困った事柄が生じて来るだけでなく､取り返しのつかないことにまで至ることになるのです。

男性と、女性に厄年というのがあるのをご存知でしょうが、例えばその様な時に出るということです。

先ほどの説明で、おわかりになると思いますが、ボランティア活動でも、お金をもらったんでは仕事になりますし、行った行為が表彰されたりするのでは、結果として積善ではないんだ、ということを理解して下さい」

なるほど、私も積善の意味がよくわからなかったけれど、これで理解出来たし、ボランティア活動で働いている人達も、お金をもらった活動は仕事であり、無償の奉仕活動ではないんだ、ということも理解出来きた。

そういえば、朝早く町内の公園を掃除している人達を見かけるが、この人たちはお金を貰っているわけでもないし、自主的な奉仕活動だということなんだ。

だが、以前マスターから言われたことを思い出したので、ちょっと付け加えるが、掃除しながら『何で、公園にゴミを捨てるんだ』とか、『誰が、タバコをポイ捨てするんだ。まったくマナーがなっていない』と、文句を言いながら、掃除している人の場合は、良いことをしているのにも関わらず、その行為で因縁の一つを消すのではなく、逆に新しい因縁をこしらえることになるんだとか。

だから、片付けたり、掃除する時には、『そこに、ゴミがあるから片付けるだけ、というようにして、感情的に、意識的に反応しないで、ゴミを片付ける行為をしなければなりませんよ』と言われたことがあった。

私は、自分ではそれなりの経験、知識を持っているつもりだったが、一般常識でさえ奥が深いんだな、ということをこの店で再認識させてもらっている。

当たり前のようでいて、できていない人が自分も含めて多いのかと思う。

先祖からの子孫への愛を知る

「続けて、お話ししましょう。

家に仏壇があるけれど、そこに祀られているご先祖には、お線香をあげていないとのことですが、今の若い人の多くはあなたのような方が多いですね。

私から言えば、『だから悩みが多いんだ』と思います。

現在、伊藤さんのご家族の皆さんとは当然お話ししていますよね。そして、一緒に食事をしたりしているでしょう。

だが、亡くなったご先祖も生前は、身近なご先祖ではお祖父さんお祖母さんがおられた頃は、今のあなたと同じように、ご家族と話をしたり、食事をしていたんですよね。

霊魂の存在を、信じるか信じないかはあなた次第ですが、ここに相談に来られたということは、少しは信じていると思いますので、話を続けますが、その亡くなったご先祖の方々の霊は、あなたとは孫か、曾孫それ以上に離れているかもしれない、そのご先祖から見れば可愛い子孫のあなたがお線香も上げずに、知らんぷりをしていれば、寂しがるんではないでしょうか。

もっと言えば、亡くなった御先祖のことを思い、毎日お線香をあげ、ご挨拶をして、子孫のあなたが愛念を送るのであれば、『可愛い子孫のあなたのことを何とかしなくては』と霊界の御先祖様の方々が、色々な手段を講じてあなたに手助けをしてくれるはずです。

このことがおわかりになったのなら、とにかく実行することで、そうすればいい答えがもらえるかもしれませんよ」

「マスターの言われるように、私が小さい時には、亡くなったおじいちゃん、おばあちゃんと一緒に公園で遊んでもらったことがあります。

そのことを、長い間忘れていましたから、帰ったら今日から必ずご挨拶をするようにします」

「今、霊界といいますか、あの世という表現が分かり易いかはわかりませんが、それについての話をしたので、もう少し説明をしましょう。

お仏壇に、ご飯とかお菓子、果物などをお供えしますけれど、それはそれらの物をご先祖霊が食べるのではなく、また肉体の無い魂は食べられませんから、あなたがお供えをした、その優しい気持ちを波動としてご先祖霊が受け取り、あなたがお祈りをすれば、その愛念の波動をご先祖が受けて、喜んで下さるのです。

これが先祖供養というのであって、一年に一度お祀りをしたからとか、お寺さんにお願いしているからいいというのではありません。

つまり、毎日のお線香をあげるという御供養をすることで、いつの日にか、あなたの気持ち、その愛念が御先祖に通じ、苦しんで亡くなった、悲しんで亡くなった霊界にいるご先祖霊の方々が安心し、喜んで浄化向上されていくのです。

ですが、『こうして欲しい』と願いをもってお参りするのは供養ではありませんから、ご先祖の浄化向上を願ってお祈りしてください。

先祖あっての子孫があり、親がいて子どもが生まれることになるのですが、今生きているあなたは知らない、大昔からの先祖との血の繋がりがあり、その遠い昔からの先祖から命、生命が脈々と流れてきているのだから、先祖抜きでは自分は存在しないんだということを理解することです。

先祖供養も出来ない人に、自分のためだけの幸せとか、出世なんかは絶対にあり得ないということです。

もし、今が最高に幸せであれば、それは見せかけの、砂上の楼閣であるから、長くない先に崩れ落ちてしまうでしょう。

ご先祖が喜んでくれるということは、すなわちその喜びが愛の波動としてあなたに帰ってくるのです。

それは、あなたの気持ちに余裕が出るでしょうし、周りの人があなたを見る目も違って来るとか、係長の話もまんざら遠くないかもしれませんよ」

「ご先祖についてのお話をしていただきましたが、今まで一度も考えたことはありませんでした。

先祖とは、お祖父さん、お祖母さんくらいのイメージしかなかったんですけれど。でも、その先祖の皆さんが喜んでくださるなら、先祖供養を頑張ってみます」

これは、貴重な話であり、なかなか聞くことが出来ないから、正直のところ私もびっくり。

確かに、私のお祖父さん、お祖母さんも亡くなって久しいが、伊藤さんと同じようにお線香は上げたことがないから、ちょっと慌てている。

先ほどの話の通り、ご先祖あっての自分であり、自分あっての子孫になるのだから、先祖供養の大切さをつくづく感じた。

今起きていることは、実は前世から続いている「前の世の続き」

ある人から聞いた話で、よく覚えているので、お話しする。

それは足の裏のこと。

人は、見える部分の顔とか髪型とかを気にして、理容院とか美容院へ行ったり、お化粧するようだが、自分が立って歩けるのは何でだろうということに気付いていないようだと。

歩けるのは、足の裏がこの体を支えてくれているからなのであって、この支えがなければ、自分は立つことも、歩くこと出来ないはずだと。

自分の両親が、亡くなってみればわかるのだが、どれだけの支えになっているかということ。

親も、お祖父さん、お祖母さんも生きている時には、小言を言われたり、手間を掛けさせられたりで、うるさく、面倒に感じていても、本当は足の裏だということなんだと。

足の裏とは普段見えないし、その心の中はもっと見えないけれど、支えてくれているのは確かなのだから、両親が生きている時、お祖父さん、お祖母さんが生きている時に、小言でも何でも『一生懸命に聞くようにしなければいけないよ』という話である。

「さて、ここからあなたのご相談内容の解決策の一つひとつを、具体的に話していきたいと思います。

今のあなたがいる職場の状況は、それは前の世の続きで、今のあなたに『過去はこうだったんだよ、だからあなたの周りにいた人達はこの様に苦しんでいたんだよ』ということを教えてくれているのです。

それは、その時代においての生活環境が、職場環境が、今とは違う真逆の状態であり、『この世であなたはそのことを知って、この世の心の在り方を糺《ただ》していきなさい』ということを表しているのでしょう。

では、どうすればいいのかということですが、あなたにも、会社の皆さんにも、つまり誰にでも、背後霊が付いておられますから、あなたには自分に名前も存じあげないけれど背後霊が絶対に付いていて下さり、助け導いていただいていると信じてから、会社での今自分が置かれている状態、他の社員、上司との関係を丁寧にお話をして、困ったときの背後霊頼みでかまいませんから、『どうぞ、私と○○さんとを和合させて下さい。その方の背後霊様、どうぞ私と仲良くさせて下さい』と、真剣にお願いをしてみたらどうですか。

そうすれば、あなたの背後霊と相手の背後霊とが話し合い、良い結果に向かうでしょう。

これは、自分の能力を超えたところの事柄を片付けるには、人智を超えた次元でのお願いをするしかないということであって、それは自分が直接手出しをして出した答えより、はるかに好ましい結果がでてくるでしょう。

もちろん、そこには背後霊が絶対に付いていて、助けて下さるんだと思っていなければ無理ですがね。

一言で言えば、『思えば思われる』ということですから。

すべては、ものの考え方で変わってくるのですが、自分は余程、前の世で人に対して、意地悪とか威圧的に立ち振る舞ったり、今あなたが職場の皆さんから受けて感じている嫌だと思うことを、やってきたから、そのことを教えてもらっているんだということと、その部分を修正しなさいと対人的関係で教えてもらっているんだな、と考えてみることです。

もちろん、前世で自分が行った行為は覚えてはいないでしょうけれど、だから今こういう逆の目に遭って教えられているんだなということなのですよ。

人は、この世での在り方は前の世の続きをやっているのだから、それをどう乗り越えるかは、心霊としての知識を正しく勉強して、自分の心を乗り越える方向に持って行くことが大切だと思いますがいかがですか。

それと、一般的に、物事の判断基準は善悪で評価しますから、善は良く、悪はいけないとされていて、テレビ、週刊誌では犯罪者は本人だけでなく家族にまで徹底的に批判したりして、相手を何処までも責めています。

しかし、あなたが今注意しなければいけないのは、意地悪されたからといって、その人を恨むとか、その事柄に深く執着しないことなのです。

今のあなたは、若くてそこそこ元気だからいいのでしょうが、結婚して子どもが生まれた場合に、今の自分が相手を強く恨み続け、相手も自分に対し同じような想念を持っていたら、自分にその相手の念はこなくても、いずれ近いうちに家族の弱い部分、つまり奥さんとか子ども、そして先々お孫さんにその相手の念が生霊として憑くことがあるかもしれません。

ですから、自分へ来るはずの憎しみの念が、奥さん、子どもに及んでは可愛そうだと思うならば、極力、人と争うような事は避けましょう。

ことわざは、神が人の口を借りて話す言葉だと言われていますが、『人を恨めば穴二つ』と言われる通りに、恨みあった双方が共に墓穴を掘るということになるんですよ」

「マスターに言われていることは理解できるのですが、でも会社での皆の私に対する対応に我慢できません。

　夜になると、職場のことを思い出し、悔しくて寝られなくなるんです。イスを蹴飛ばして、会社を辞めようと何回思ったかしれません」

　深いため息とともに出てくる言葉はわかるような気もするが、マスターの意見がますます気になるところだ。

きっかけを逃さず『自分が悟る』ということ

　私は、考えてみると能天気なんだろうか、困ったことには悩むことがあるが、すぐ寝てしまうので、悩みとか、悔しさで寝られなかったことはほとんどない。

　その辺の精神的、肉体的な苦痛は分からないけれど、このような人がいて悩むんだという話を聞くことは、浅い自分の人生勉強に大変参考になる。

　人生には、変わっていくためには、聞いて理解すること、本を読んで知識を広げること、そして色々なジャンルでの人生経験をするということ、そんな何かきっかけ、チャンスがあるから、それを逃がさないという事が大切なんだということか。

それと、会社の同僚とか上司から自分への対応を変えて、職場を明るくする雰囲気とか、能率を上げるため何とかしていきたいと、人に要求することをしたり、自分への態度が変わるように求めても、相手は変わることがないし変わらないから、よく言われる通り自分が、相手の望むレベルに変わるしかないということなんだ。

それにより、気付けば変わっていったということになるだろうが、結局これは自分が変わっただけで、世界観も変わるということなのか。

この店で、他人の人生相談を聞いているのは、始めの頃は単に好奇心を満たすためだったが、段々と相談内容が深刻なものになっていけばいくほど、奥が深く高度な回答になるので、難しいというか、理解を超えてしまうけれど、確かに人生を見直すには勉強となると思う。

色々な話を聞いていると、この店は、コーヒー店ではなく、人生相談の館、もしくは人生学習の会場のような気がしてくる。

「伊藤さん考えてみてください。

人とは対立的関係により、自分の今持っている因縁、現われている因縁を理解するということなのです。まさに今のあなたそのものですね。

相手の人を見て、その良いところ、悪いと思えるところを知り、そのことに比較して自分の欠点とか長所からその因縁を知る事が必要なのです。

ですから、自分の置かれている今の立場で、困っていること、悩んでいることは、『自分が悟らなければならないんだよ』ということを表しているのですよ。

だから、そこであなたがそのことを悟らなければ、周りの同僚、上司は自分の言うことを聞いてくれないとか、正当に評価してくれないとかの考えを持っていて、それを変えないのであれば、今後も決していい答えは出ませんし、ずっと同じ事柄で苦しむでしょう。

この世であなたと話し一緒に仕事をしている人たちは、皆さんが類魂という、これは霊的な大きな一族と理解した方がわかりやすいでしょうから、一族とでも表現しますが、その皆さんと縁があり、それは『袖擦り逢うも多少の縁』とかのことわざにもあるとおりだから、決してあなたに対して害するだけの相手ではなく自分を知るための教えてくれている相手、身内だということです。

だから、その評価を、憎いとか、くやしい、嫌な相手だとか、どのようにとっていくかは、全て自分の自己責任に行きつくのです。

仕事とは、自分の希望通りの、思い通りの会社で仕事し、そこで栄耀栄華《えいようえいが》を極められれば、これほどの幸せはないけれど、こんな夢の様な、虫のいい話は殆んどないといっていいでしょう。

社会で仕事をする人達は、希望通りではないけれどその会社に勤め、その中で苦労しながら、仕事と家庭、職場同僚と家族の中でもまれ、葛藤しながら、学習し、生活をおくっているのです」

「なるほど、何かわかりかけた気がします。

今までは、受けるばかりの自分であって、つまりは気負けしていたということと、マイナス思考であったということがよくわかりました。

これからは良いかたちで向上して行くように、常にプラス思考の考え方で『どうしたら良いのか？』ではなくて、『こうしよう！』と考えていけば、違う世界が広がっていくことになるんですね。

そして、自分ではどうにもできない事柄においては、背後霊様に良くお願いするんですね」

おっと、ずいぶん理解が早い人だ。しかも切り替えも結構速い。

私より、物事の捉え方の進歩が早いようで、私も負けていられないと、ライバル意識がメラメラのメラ位起きてきたが、これって良いことなのかな。

「そうです。分かっていただけるだけでなく、理解もされたようで、アドバイスする私とすれば嬉しいですね。

だが、あなたの今の苦しみとか困難について、今回は、これを乗り越えられるでしょうが、しかし乗り越えたとしても、次に新たな問題とか苦労が生じてくるでしょう。

つまりこれが因縁であり、その因縁は次から次へとあなたへ生じて来ます。

だけれど、それはあなたがその困難な因縁を乗り越え、片付けられるから身の回りに起きてくるのであって、もしこのことから逃げるとすれば、あなたの家族とか子どもさんがいたとすればその子どもへ、また、その孫へと現れてくるから、今の時点でこれらを正面から受け止め、片付け、整理していくことです。

そのためには、この短い人生において、色々な経験、体験をして、それを学び、精神的にも肉体的にも、一段と向上した人間となる様に自分を磨くことです。

この経験が、必ずやこれからのあなたの将来に役に立つはずですよ。

それから、係長抜擢の悩みについてですが、これも前の世からの続きであり、またご先祖が人に施したりした積善の貯金があるから、その徳をもらい、本人の努力もあるから、それなりのポストに就くことが出来るのです。

　だが、それ以上に、社長、部長とかのポストに座るためには本人の努力もあるでしょうが、そのポストに座って何を悟るか、何を学習し、そして自分の魂の進化のために役立てるのだという目的があるのなら、必要であれば努力次第では願いは叶うと思います。

　そして、そのための努力をあなたがされるなら、その業種とかに卓越した力を持った、私は指導霊とお呼びしていますが、その方が付いて下さり、与えられた仕事をテキパキとこなせるだけの力を貸して下さると思いますよ。

　でも、欲望の一つとして、今生だけの願いでポスト狙いというのでは、魂の格を下げることになり、肉欲を満たすだけの願いだから、低級なもの、つまり低い霊が憑くようになるから、念願の椅子に座っても、低い霊におもちゃにされ、結果として何かアクシデントに見舞われることになりかねないのです。ですから、努力はしても物事の筋道、道理から外れたような法外な欲求はしないことです。

　また、会社の社長さんに見受けられるのですが『一代で、ここまで会社を大きくしたのは、俺の努力のたまものだ』なんて言う方がおられますが、これも先ほどお話しした通り、ご本人の努力も当然ありますが、ご先祖の積善の貯金と、良き背後霊が付いているという徳がなければ絶対に社長さんになれたり、成功したりはできないのです。

　ということは、どんなに努力しても誰でもが、社長さんになれないということです。

　そして、功成り名を上げた人を羨んで、同じようになろうとしても、自分にそれだけの徳、そして力をもった背後霊が付いていなければ、オリンピックなどで金メダルを取る人と、町内マラソンで走るのがやっとという位の差があるから、とても望みはできない、無理ということですから、『足ることを知る』ということが大切です。

それと、最後に一言ですが、職場とか仲間内での会話で、突っ掛かるような言葉は極力避け、もしその時の気持ちで、攻撃的になり、相手を罵倒したくなったような場合は、今までの人生で学んだ知恵を使い、あくまでもユーモラスに、話の中心を少しずらして相手の気持ちを、少しでも和ませるようにするといいでしょう。

なぜならば、これもあなたのこれからの人生勉強の大きな一つの課題ですから。

よしんば、言ってしまったとかで、相手に不快な思いとか怒りを持たれたような場合は、席を外したところで先ほどお話ししたご自分の背後霊に『申し訳ありません。つい暴言を吐いてしまい、相手の方を怒らせてしまいました。何とぞ相手の方の背後霊様によろしくおとりなしをお願いいたします』とよくよくお願いすることです」

うーん、さすがマスターのアドバイスだ、と聞き入いったが、これはとても普通の人生相談誌ではありえない説明で、自分としてもとてもためになった。

上を目指すのも現実とかけ離れた欲望は出さないように、ただし努力はすることだということなんだとすんなりと実感できた。

このお店に来て、マスターと話すのも、私の会社で社員の人達、そしてお得意さんの方々と会って話すことは、これ全て類魂の人達との関わり合いということなのか。

類魂ということを知らなかったのだが、考えてみれば目も合わせない、話もしない人達というのは、類魂を外れているということだから、縁がないことになるということで、つまりは、『縁を大切に』ということなんだと勝手に理解した。

いろいろ思いめぐらしていたが、そろそろ伊藤さんが帰るようだ。

「ありがとうございました。何か、視野が明るくなったような気がします。

また明日から会社へ行きますが、今から出勤するのが楽しみです。

それと、相談料はおいくらでしょうか」

「玉やは、コーヒー店なのでコーヒー代だけで結構です。

明日から、お仕事頑張って下さい。

また、先ほど、ご説明しましたとおりですが、毎日を心霊的に送ること、つまりは背後霊とご一緒に生活していくことを忘れないでいてください。

そして、たまにはコーヒーを飲みに来て下さいよ」

先程の、アドバイスしている時のマスターの顔はキリっとして眼力があり、何か近寄りがたい雰囲気だったが、今の顔を比べると、まるで別人のようだ。

今は、本当にコーヒー店の優しいマスターの顔で、「美味しいコーヒーを出すから、また来て下さいね」とお愛想も言うほどの変貌ぶりである。

リラックスした状態は高次のアドバイスとつながれる

伊藤さんの相談も終わり、私はまだカップの底に少しばかり残っているコーヒーを名残惜しそうにすすっていると、マスターが、「佐々木さんもストレスが溜まるでしょう」と突然話しかけてきたので「ええ、外回りはお客様から色々と言われたりして、気持ちを引きずることが多く、胃が痛くなることもあります」なんて答えた。

そうすると、マスターは「ストレス発散の、良い方法をお教えしましょう」なんて、うれしいことを言ってくれた。

「今は、パソコンで音楽を聴くことも出来るし、テレビも見ることが出来るでしょうから、自宅で夜とか、会社の休みの時にでも、癒し系のミュージックを探して聴くことです。

その曲は、何でも良いんですが、ジャズ系ですと交感神経が興奮したりするので、副交感神経優位のゆっくり系の曲が良いでしょうね。

いわゆる、アルファー波の出るものということですか。それをコーヒーでも飲みながら、特に何も考えずに曲だけに意識し、リラックスした状態の、あくまでもつもりで最初は構いませんから、聞いていくうちに本当のリラックスが出来ること請負です。

それにより、脳波は8~13Hzのアルファー波が出て来ることになり、リラックス度が高まりストレス解消と、それに伴い胃の痛いのも忘れるでしょうし、仕事上のインスピレーションとか、問題の答えが出て来るようになるかもしれませんよ」

「それは、良い話を、お聞きしました。帰ったらさっそく曲を捜し聞いてみます。

ただ、家でのコーヒーは、インスタントなんですが、それでもいいんでしょうか」

「もちろんです。紅茶でもいいんですが、どちらでもお好きな方を飲んでみて下さい」

「マスター。特に薦めるのだから、ほんとは他にも何か良いことがあるのではないですか?」

「佐々木さんは、感がいいですね。これは言わないでもいいかなと思っていたことですが、実はアルファー波の脳波が出ている状態は、インスピレーションだけでなく、背後霊からの霊信も受け取りやすくなっているので、受け取る側の者、つまり佐々木さんが私見を入れて判断するとかでなく、感じたことをそのまま実行すれば、今まで以上に良い結果が出ると思いますよ。

これは、背後霊からの指導、アドバイスということですから、素直に受けてもいいんじゃないでしょうか。

ただ、答えを求めることが優先すれば、低いものに遊ばれて行くので、よく注意して下さい。伊藤さんもぜひ試してみてください」

「ありがとうございます。マスターにこんな良い話をお聞きしてコーヒー代だけとはうれしいやら、ありがたいやら」

「いつも言うとおり、玉やは、コーヒー店ですからコーヒー代だけでいいんですよ」

来た時とは、打って変わった表情の伊藤さんは、支払いを済ますと元気な足取りで出て行った。

きっと変化を起こせるんではないだろうか。

そうだ、自分でも会社での人との関わり方をちょっと見直そうと思った。

第五章

生霊を生み出す恨みの念

成功の裏にあるもの

この話を聞いたのは、お客では私だけだろうか。ありそうで、やはりある話だ。それは先日昼過ぎにコーヒーを飲もうと玉やへ行った時のこと。

その日は、お盆も近い暑い日で仕事をする気もダウンし、というか営業の仕事にならずサボりと時間つぶしを兼ねてお店に行った。

その時は、たまたまか、お店には私の他にはお客が二人位しかいなくて、マスターも手持ちぶさただったようで、突然カウンター越しに話しかけてきたのである。

「もう一年くらい経つかなぁ。佐々木さんもご存じのとおり、私は以前から人生相談と申しますか、どうしていいのか答えを出せないで悩んでいる人からの相談を受けています」

マスターはいつになくしんみりとした口調で、そして話を思い出しながらなのか、ゆっくりと話し始めた。

「一年前の、四月下旬から五月にかけての頃に、中年の女性が続けて何回か相談に来ましてね。内容はその年齢の人達によくある男女問題についてだったんですけど…。

その女性は、独身で銀座に高級バッグなどを扱う店を出していたそうです。

裏には、高額な店舗の賃貸料金とか商品の仕入れ金を出してくれる男性の存在はあったようです。

その、お店をオープンして半年位は、従業員も何人かいて、そこそこ売り上げもあり、経営も順調だったようです。

一般的に考えて相当な資金援助ができる男性というのは、経営者や社長などの大金を動かせる立場の者、そして、経営者であれば経営についての才覚があり、人心をつかむ能力に長けた人となります。人脈があり、銀行などとのパイプを太くし続けるだけの力を持っていなければなりません。

しかし、ことわざにある『英雄色を好む』のとおり、バリバリと会社経営に辣腕を振るい、中小であろうと一代で築き、八十人ほどいる社員の生活の面倒を見ているその男性には、相談者である女性の他にも二、三人の女性がいたようです」

会社のなかの一社員として、何足も靴を履き潰し、夏は玉の様な汗をたらし、汗臭さを周りに振り撒きながら、そして冬は擦り切れたコートの袖口を指でなぞりながら重いカバンを持って顧客回りをしている立場の私には、理解出来ないほど、その男性は色々な優れた能力を持っているんだろう。

その優れた能力とは、多くの社員の給料を払い、且つ会社経営を健全に上昇気流に乗せていくことである。しかし、それは本人の力だけではないそうだ。

以前、マスターが経営相談に乗っていた時に、話しているのを横で聞いていたことを、そのままここで説明すると、会社のトップにいる人達は、よく立身出世なんてことが言われ、若い時には寝ないで働き、経営の猛勉強もしたと語られている。

当然そこには、努力がなければ仕事も出来ないし、勉強をしなければ知識も付かない。遊んでいて濡れ手に粟のようには、事業の成功は手には入らないと言っていた。

成功とは、高い夢を持ち、その実現に心血を注いで努力をしていることにより、その人に、類魂の中から選ばれた、その業界に長けた指導霊が付いて下さるからなのだとのこと。

その指導霊は、大きな一族と言われている、その類魂の中から選ばれ、その人に付いて技術面とか経営面とかの指導をしてくれるのだそうだ。

だから、事業に成功した、立身出世をしたとか、仕事も順調で金銭面でも不自由をしない、好きなような人生を送れるようになったという人が、よくテレビ経済誌などで話題になるが、当然それはその人の努力もあろうが、それだけではその成功した原因を知り得ないはずなんだということである。

つまりは、その成功に力を貸して下さった指導霊、背後霊のおかげである。

親や先祖の積み重ねた積善の貯金力のおかげなのだと。

だから、誰でもが成功して希望通りの道を歩けることはできないということと、成功してもそれは自分一人の力では決してなく、もし自分の力だけで成功を手に入れたと過信し、行動するのであれば、これは大変な思い上がりであるらしい。そういう場合は、近い将来スタート時点に戻ることになるよと言われていた。

では何時に、背後霊からの指導を受けるのかというとことだが、一昔流行った勉強の仕方の睡眠学習方法というのと同様に、本人が寝ている間に、その人の背後霊として付いている存在が、その人の魂に指導し勉強をさせているんだそうだ。

この時の勉強は、目が覚めた時には覚えてはいないけれど、確実に勉強はしているようだから、夢で良いアイデアが出たなどは、こんな意味なんだとか。

「マスター、その男性は私の様な会社員としては羨ましい限りの存在です。

会社員の多くが望んでいる、独立して会社を興し社長になる。そして、年収は今の何十倍もありもちろん女性にもてる。そのすべてを叶え持っている人なんですね、その男性は」

「一見羨ましい限りですが、ことわざにも好事魔多しとか言われている通りこの男性もその例に違わなかったようです。

仕事も、ある企業を買収合併して、将来は株式上場まで視野に入れられる位に伸び、私生活も順調。もちろん彼女との交際も順調に進んでいたのですが、ある時その男性は、相談者の女性に別れ話を持ちかけたそうです。

恐らく、仕事も忙しくなり他にも女性がいることから、お店の開店資金など投資したお金などには問題はなかったようですが、精神的にその女性が煩わしくなってきて別れ話を出したようです。

その話を聞いて、相談者の女性は一時ショックで寝込んでしまったそうです。しかし、その時を同じくして男性の方も倒れ、なんと半身が不自由となり、今はリハビリ中だそうです。

ですから、会社の方はいろいろな進行中の計画がありましたが、一旦中断しているんだとか言っていました。

しばらくして、その女性も健康面では立ち直ったんですが、銀座に出していた店は、その男性の勢いに合わせた様に左前となり、店員への給料の支払いさえも滞るようになってきて、どうしたものかと思案に明け暮れたそうです。

そうこうしているうちに、私のことを何かのつてで知ったんでしょう、相談に来たというわけです。

それで、この先どうしたら良いのかという答えを求めてきたのです。

ところで、佐々木さんは、初対面の人に鳥肌が立った経験はありますか。

私は、最初にその女性と会った時、ザワッと鳥肌が立ち、背中に悪寒が走ったのを覚えています。

こんなことは、昔先生に付いて勉強している頃は未熟でしたから、何回か経験をしたことがありましたが、久し振りに感じた感覚に、何か言い知れぬ不安というか、嫌な予感がしました。

その時には、答えというか、アドバイスは『早く別れて、気持ちを整理して、これからは自分の力で、店舗の経営に尽力したらどうでしょうか』と、一般的な回答をしたのを覚えています。

その女性は、なにか不服そうでしたが、その時はすんなりと帰っていったのです」

黒い塊からはじまった悪夢

「いらっしゃいませ。マスター、ブレンドお願いします」と、奥さんがお客さんの注文をマスターに伝えている。

マスターは、話が中断したその合間に手際よく慣れた手つきで、一人分の玉やブレンドコーヒーを淹れている。

だが、今日のマスターは、相談者も来ていないし、お客も少ないので、話し始めた続きを私にしたいような感じがひしひしと伝わってくる。

こんな雰囲気は長いことここに通っているが、全く初めての感じだ。

マスターが淹れたコーヒーを、奥さんがお客に運び話が再開した。

「それから、一週間ほどしてその女性が再度来店し、続けて相談を持ちかけてきました。

その時も前回の嫌な感じがまだ残っていたのですが一応話を聞いています。

その女性が言うには、その後病院へ行きリハビリ中の男性を見舞ったが、会話も十分出来ないだけでなく歩行もままならない状態だそうで、心配で早く治ってほしいということでした。

そして、いつ頃には回復できるのか、なんてことを聞いてきました。

私は、この世の中での病気は、専門家である医師に委ねるしかないから、『素人の私から、その時期について回答は出来ない』と素っ気なく答えたのです。

心霊治療としては、私も何人かに施術といいますか、病気改善についてアドバイスをしたことがあり、その効果についてはかなりの確率で改善していることを、十分承知をしているのですが、この時には、その説明もしませんでした。

この心霊治療についてですが、日本では医師法があり、直接患者の体に触っての治療行為、医療行為をしてはだめで、治すとかの表現も使ってはいけない、と定められていますから、患者の方に触ることなく、体から手を少し離して、霊界の医療を司る霊団にお願いし、霊界の治療霊団からのパワーを、その患者の方へ、気功療法の様に気を送るようにし、治療ではなく改善を試みています。

ただ、これは言葉の表現なので、あくまでも医療行為ではないんだというように、誤解をされないで受け取っていただきたいと思います。

ですから、私がすることとは、一言でいえば私の力で治療をするのではなく、霊界からの医療霊団のそのパワーを、この私の体を通して相手に伝えるだけなのです。

不思議なようですが、結果としてそれにより色々な病気が改善するとか、治癒されています。

患者さんの前でのみ、その様な施術をするだけではなく、例えば北海道とか九州などの東京からはずいぶんと離れた遠隔地におられる方でも、遠隔治療として、私が病気が改善するという想念をその方に送ることで同様の結果を得る方法もあります。

佐々木さんも、この辺になると、どの様にしたらその施術を受けて改善するのかに興味があると思いますが、その詳細は後日機会があればまたお話ししましょう。

まあ、佐々木さんはお元気だから当分は必要ないですね」

「私も、その心霊治療という言葉を聞いたことがあります。

具体的には、どんなものか知りませんが、病気が改善するのであれば、興味がありますから、今度私に治療をお願いします。

でも、今は体調が良くお願いするところはないので、ちょっと残念です」

しかし、良いことを聞いたぞ。今度具体悪くなったときにはマスターにみてもらおう。ぜひ、今後お願いしますと言おうと思ったところに話を続けてきた。

「話を戻しますが、男性の体の回復状況について質問されたことを突っぱねたところ、その女性は何が気に入らないのか、ムッとした顔をして、さっさと帰っていったのです。

今だから、これは話せることですが、その時から私には視えていました。

それはどんなことかと言えば、その女性を通してその男性のオーラが黒く何かに侵されていたのです。

それからは、その日の仕事も手に付かない状態で気になって仕方がなかったので、仕事を終えて帰宅後に、よくよく気を集中して視たところ、先ほどの女性の想念なんでしょうか、その女性らしい姿のまま生霊となったんでしょうか、その男性の右側の首から肩にかけて黒く細長い、例えて言えば黒い蛇が巻き付いている様に憑いているのが視えました。

だが、ハッキリとその女性とは判別出来なかったのは、髪をふり乱した、顔が般若の様であったため、雰囲気がその人らしいとしかわかりませんでした。

その状態を私が視ていると、その生霊がキッと私の方を見て睨みつけて来たのです。

そこで、私もそれ以上必要ないので、気を閉じて現実世界に戻ったのですが、実はその日から大変なことになっていったんです。

どんなことだと思いますか。

佐々木さんは、一年前もこの様に、玉やへお出でいただいていたので、私の変化にお気付きになりませんでしたか。

その異常と申しますか、変化は約一か月間ほど続いたのでしたが、とにかく大変でした。

その日の夜、私が寝ていると、そう時間で言えば丑三つ時の二時頃でしたか、布団の足元に黒い塊があるのが分かったのです。

これは、夢の中なんですが、今佐々木さんとお話ししている様な現実感があり、寝ているのだけれど、言葉とか匂いもはっきりと感じる夢なんです。

その黒い塊が、私の寝ている布団の周辺をぐるぐる回り始め、その塊は私のところを回る度に段々と形が現れ、黒い狸の様な形となってきたのですが、それが突然立ち止まると、布団目がけて片足を上げ、放尿したのです。

これは犬などが散歩に行く時に、電柱に放尿するスタイルと同じ格好だと思ってください。

つまり、私目がけてマーキングをしたんです。

私は、最初意味が分からずに視ていただけだったんですが、その尿臭もはっきりと分かるほどの匂いでマーキングをしたことから、誰かから送られてきたと理解し、決していいことではないので、その狸の様なものの塊に念を込めて『帰れ』と一喝したのです。

その途端、体の何倍もの口を開けガーと、私に咬みつく様な仕草をしてきたのです。

その時の口の中は、真っ赤で犬歯は長く、他の牙も歯肉にびしっと生え揃っているのが視えましたが、その時の吐き出した息は、生臭く、夢の中であっても、思わず嘔吐しそうになったくらいでした。

でもその瞬間、その黒い狸の様な塊は霧散し消えていったのです。

ただ、その黒い塊の後ろの方に、人間らしいものが立っていたのですが、それも同時に消えて行ったので、その時は注意も払いませんでした。

私の見る夢の場合は、色彩感があり、ものを触ればその感覚とか温かさ、冷たさをリアルに感じ、さらに匂いまで強く感じることがあり、まさに現実かと思えるような夢はよく見ることがあります。佐々木さんは、カラーの夢などは見ますか」

「ええ、時々見ることがあります。ただ、目が覚めてから何の夢だったか思い出そうとしても思い出せません。ところどころの、断片的なところを覚えている程度です」

「そうですね、多くの方が見る夢は佐々木さんと同じような夢のようです。

私が見たこの様な夢は、今回が初めてではないので、夢自体は奇異に感じたりはしていないし、その夢を見た時には、それが何の知らせなのか、つまり予知夢なのか、誰かが頼って来たのかと夢の中ででも考えるように常に心がけています。

そして、今回の件は翌朝起きた時、その内容については鮮明に記憶していますから、何の意味があるのかよくよく考えたのですが、何を自分に求めて来るのか、訴えに来るのかこの時点ではわかりませんでした。

そこで、また来るかもしれないから、その時にわかるだろうと忌わしい事柄でしたが、その程度で済ませてしまったのです。

しかし、これで終わりではなく、これが物語の最初の一ページと言いますか始まりだったんです。

翌日も当然、お店で仕事をして帰って普通通りに夜は寝たのですが、その時も夜中の二時頃に出てきたのです。

今度は、その狸の様なものは出て来るのが慣れたのか、最初から布団の周りをぐるぐる回っているではないですか。

周りは暗く、背景は見えないのですがその黒い狸の様なものだけは鮮明に、そしておぞましい赤い眼光が二つ爛々と光り見えているので、その姿形がよく分かるのですが、それが今度は二〜三匹の狸か犬の様な形をした仲間を連れて来て、同じように私の布団の周りをぐるぐると回り、朝の日の出直前までそのまま回っていました」

「奥さんは大丈夫だったのですか？　側にいる奥さんにも影響があるというか、気付くと思うんですが」

「幸いというか、妻は別の部屋で寝ていますし、霊については疎いので、もし横で寝ていても感じなかったんではないかと思います。

問題は三日目以降で、今度はその狸の様なものが、事故にでも遭ったような血だらけで、四肢がバラバラになった人間を連れて来て、私の前に置いて、『見ろ、見ろ』と大声で怒鳴り、そのバラバラの人間を目の前で繋ぎ合わせしゃべらせるようにしたので、さすがに、これは尋常ではないと思い、その狸の様なものに『お前は、どうしてここへ来るんだ。自分のいるべき世界へ帰れ』と説教をしたんです。

その説教を受けると、私とその狸の様なものの次元と言いますか波動が違うので、言った瞬間にそのものは消えるのですが、また別のものが出てきて、今度はイタチか狐か分からないようなものが、狸の様なものの代わりに、私の布団の周りを走り回り出してくるのです。

その度に、その低いものに対して『自分のいるべき世界へ帰れ』と説教をすると、そのものはそこで消えて行くのですが、消えたらまた別のものが現れてくる。

こんな状態が、十日ほど続いたんでしょうか、さすがに私も睡眠不足となり仕事中にウトウトすることが多くなってきたのです。

今振り返って思えば、脇が甘かったと言いますか、私の周りに低いものが現れてくるけれど、ちょっと語気を強めて突っぱねればもう来ないだろうと、相手をなめていたのですね。

最初の時点で、その狸の様なものに説教をして『帰れ』とか説教じみたことをせず、祓詞を唱え魔を祓い、結界を張っておけば、私の寝ている周りもそうですが、家の敷地内にも入ってこられなかったはずなのですが、これがすべて終わった後で反省しているところです」

「マスターも、気を緩めるとか、脇が甘いと言われるようなことがあるんですね。でも、その狸の様なものが私の前に出てきたら、どうしていいかわからないですよ。ただ、おびえているかもしれません」

マスターは、思い出だしながらなんだろうか、私の頭の上の空間を見て、一呼吸置き話し始めた。

「その頃には、それら低いものはかなりの頭数となり、睡眠不足のそんな私を見透かしてなのかしれませんが、『お前は、いらないクズ人間だ、早く死ね』とか、『世の中はつまらないから、早く自殺しろ』と罵声を浴びせ、日中に玉やで仕事をしている時にまで、私の周りに来るのが視える様になり、交代で囃し始めたのです。それは、テレビを見ている様な感じで、相手は鮮明に視え、低くこもったような声が聞こえ、さらにかなり強烈な獣臭まで感じていました。

もちろん、その狸の様なものの言葉は日本語で聞こえて、理解もできていました。

そして、その相手は、とっかえひっかえ交代で私の前に出て来ることが出来るのですが、攻められる私は一人なので、出て来る低いものそれぞれに説教して追い払い、それがいなくなっても、また次の低いものが次々と出て来るから、それも昼夜含めた一日中なので寝不足も重なり、体力的にとても持たない状態となってきたのです。

こんな状態なので、体力をつけなければと元気になりそうな食事をしたり、スパ温泉に行き、お湯はエネルギーを強く持っているので、そのエネルギーを吸収し波動を変えようと試みたのですが、体力の回復はなかなか難しい状態でした。その低いものは相当に執念深く、私に迫ってきているので、一人の力では太刀打ちするのが、なかなか困難な状態となってきたのです。

この状態というのは、一般的な心霊的解釈の話ですが、自分自身の気が弱く、信念が揺らいでいる時に、たまたまにでも低いものに取り憑かれて、自殺してしまうと言われるようなことがあるのですが、私もそれと同じ様な現象になったのかなと思います。

妻からは、『最近疲れているの』と聞かれ、この説明をしているのですが、仕事とか世俗的なことには反応がいいのですが、霊的なことについては相当に鈍く、というかあまり信じていないので、『妄想だから、病院へ行った方がいいわよ』と、いたわってくれるので、『そうだ体力、気力が萎えかかってきたので、病院で治療を受けるのも一理あるかな』と一時は思ったくらいです」

背後霊からの導きで救われる

さすがのマスターですら、霊に取り憑かれ心身共に強いダメージを受けるぐらいだから、ほとんどの人はこの様なものに、しかも気付かないうちに取り憑かれたとしたら、どうしていいか分からないだけでなく、相談する相手もいないだろうから悲惨な結果を生むことになるんじゃないだろうか。

私も仕事を通して、また人間関係でトラブルを起こすことがあるが、もしこのように強く恨まれていることがあるとすれば恐ろしくなってしまう。


「この様に、辛く苦しい状態が一か月も続いていたので、体力的に、精神的に限界となり『もう駄目だ、どうしようか、自殺でもするか』と安易に思った頃の、寝入ってしばらくたったある晩のことでした。

もちろん夢の中ですが、私の背後霊が現れて、『基本通りにしなさい。祓いの祓詞をあげ、九字を切り祓えばいいんだ。忘れるな』と強く指示してくれたのです。

人にアドバイスする立場なのに、自分のこととなるとどのように対応したらいいのか、慢心もあったと思いますが、どうしていいのかが、わからなくなっていたんですね。

私は、困った時に背後霊にお願いすることを忘れていたことと、こんな時にどうすればいいのかを思い出したので、思わず『アッ』と声を上げてしまったほどです。

その直後でしたが、その狸の様なもののグループの黒幕が現れたんですよ。

それら多くの低いものが、無数に私の周りに集まり取り囲んでいる、その後ろに立って指図し最後の仕上げをしようとして出てきたのか、それらの黒幕がはっきりと。

しかし、その容姿は尋常ではなく、私は長く修行をして、色々なケースに遭遇し、怒りとか悲しみの極限の顔を数多く見て来ましたが、初めて視る嫉妬と恨みに狂った顔で、人間もここまで醜くなるかと思えるほどの醜い、髪は乱れ、目は逆立ち、口は耳元まで裂けた、つまり般若の顔がハッキリと見えたのです。

そして、その体からは、妖気が漂い強い獣臭まで漂わせて眷属というか、周りに従えている多くの低いものに私にもっと取り憑けと『ハーハー』と瘴気《しょうき》を吐き指示しているのです。

体力的に、精神的にもう駄目だと思っているのがわかったのか、それとも最後の仕上げをしようとしていたのかわかりませんが、黒幕が私の前にその姿を現してきたのです。

それが視えたので、私は先ほど背後霊から教えられた通りに、神道の祓詞を唱え九字を切ってから、その黒幕に、『私へは、逆恨みだろう。勝手に人を恨んだりするようでは、誰もお前のそばに寄らない。これら低いものを操る、本体のお前が誰だかわかったから、もし今後私のところに現れるなら呪返しの術でお前に返すぞ』と強く言った途端、その黒幕のものは正体がばれたので『しまった』と思ったんでしょう。

それとも私の放った言葉の波動に驚いたからなのか、今まで、目の前に展開されていた全てのものが消えてしまったのです。

必死の戦いが続いていた翌日からは、もう何も起こることはなくなり、私も安心して寝られることになりましたが、その黒幕は誰かと言えば、もうおわかりだと思いますが過日何回か相談に来たその女性だったのです。

その女性は、別れ話を出された時、他の女性は付き合いを続けているのに、なぜ自分だけなのかと。

そして、別れることで資金の道も絶え、それなりに金銭面で余裕がなくなることから、この二つを合わせた理由で自分勝手の嫉妬、恨みに狂い、強い怒りの念をパトロンであった男性に、一か月間ほど続けて送っていたんでしょう、その怨念によりその男性は倒れ、今もって不自由な体になってしまったのです」

恨みの本当の恐ろしさ

「恨みとは怖いですね、その恨みの原因が自分であろうとなかろうと、強い恨みを受けて脳梗塞とか、心臓疾患で倒れ、亡くなる人とか、後遺症が強く出る人がいるということになるのでしょうが、恨みなどが原因で、発症するるんですね」

「今回のような病気は、全ての人に現れるということではなく、その男性にと解釈した方がいいでしょう。

生霊とか、霊の存在が視えていて、祓うことが出来る私でさえ、最後の数日間は取り憑かれて殺されるかと思うほどの経験をしたのですから、ましてや霊の存在を信じない人であれば、如何ほどの対応も出来ませんし、ただ何となく調子が悪いとかで、病院へ行っても治療の手立ても十分に出来ませんから、先ほどの男性の様に倒れて、また助かったとしても後遺症が強く残り、不自由な体になってしまうことになるかもしれません。

その女性は、相手の人間を倒すほどの強い怒りの念を持ち、狂ったとしか言えない程の沙汰で、周囲にもその波動というか、気をまき散らすことになったので、来店するお客もそれを感じますから、当然そこそこ順調であったお店も、それ以来経営が上手く行かなくなったということになったのでしょう。

その女性が、もう少し賢ければ、自分の開業資金まで出してくれたその男性になぜ嫌われ、別れなければならなくなったのか考えることが出来たでしょうし、また考えることが出来る位の人であればこの様なことにはならなかったはずです。

もちろん、ここでお話ししているのは、浮気を肯定しているとか、不特定の女性と遊んでも良いとかを、勧めているのではありませんので誤解をしないで下さいね。

怒りとか恨みは、相手に精神的肉体的に大きな影響を与えるので、人を恨まない恨まれないということを心掛けなければなりません。

でなければ、今回の様に、結果として相手も自分自身も全てをなくすということになるんですね。

それに、人を恨めば穴二つのことわざの通り、自分から発した怨念が、自分に戻ってくることになるんですよ。

人間には、自由意思が与えられていて、人を恨む、殺す、窃盗、姦淫することも自由ですが、その結果は自分が負わなければならない仕組みになっています。今の人生のどこかで、このことを改めなければ、次に生まれ変わる時に同じことの裏返しか、また同じことを何度も何度も生まれ変わって繰り返し苦しまざるを得ない、永久の悩み苦しみに陥る結果となるのです。

そして、それは自分だけに結果が出ればいいんでしょうが、そうではなく自分の子どもとか孫に、長い年月に亘り、違う形で現れるかもしれませんから、一言で言うと人を恨むとかの悪いことは慎まなければならないということになります」

「その恨みとは本人だけでなく、子どもとか、孫まで影響があるということは余程気を付けないといけないと思うんですが、何も視えない私なんかは気を付けようがないんですが」

「多くの人は、視えたり感じなければ、祓うことも出来ないので、下手をすると相手の念をもろに受けてしまうことになるので、日常の気持ちを明るく持ち、その波動に合せないようにすることと、私が若いころ修行をしたことのある有名な神社の祝詞などを入手され常に持ち歩き、嫌な気持ちとか、不安になった時には、この祝詞を奏上することで、祓うことが出来ると思います。

これは、皆さんにお勧めしていることなんですが、実際には祝詞を奏上をされようとする方が、なかなかおられないようです。

また、お塩などで清める方法もあるのですが、これも最初だけで長続きされる方があまりおられないようなので難しいことだと思います。

関連する話ですが、テレビとか新聞で、事件、事故の報道があり、そこでは遺族の方々、被害者の方々が『何も悪いことをしていないのに、何でこんなことになるのか』と言われているのをみますと、遺族の方々、被害者の方々には申し訳ありませんが、この世における法律、科学の知識では測ることのできない、先ほどお話ししたカルマと言いますか、過去の人生、前世での人生で侵した過ちである因縁の清算をさせられたことになることを感じさせられます。

この恨みも、特異的に力のある人が相手の人を強く恨んだり、嫉妬の念を相手に持ち続けると、その念は具象化され、生霊となり相手に憑くことになるのです。

また、その生霊は念が強ければ強いほど、恨んだ人間から離れて、独自の生命体となり、念を向けた相手にとり憑いて、最悪の場合はその憑いた相手を呪い殺すことにもなります。

この念の具象化については、かなり昔になりますが『イドの惑星』と言うSF映画で上映されたことがありました。

これは、随分前に出版されている本ですが、佐々木さんは、『イドの惑星』を読んだことがありますか」

「いいえ、聞いたこともありません。どのような本の内容ですか。マスターが話される本については面白そうですから、ぜひ内容を聞かせて下さい」

「その内容は、未来の人類の物語で、ある時代に高度の文明を持っていたが、滅びてしまった惑星第四アルテアへ、地球の人達が移住をして暮らしていたところ、突然その移住をした人達のほとんどが滅び、その二十年後に調査に向かった隊員も見えない怪物に多くが殺された、とかのものでした。

　そのイドの意味は、『潜在意識の基本原理』と表現されていて、本の中では二十年前に移住した人の中の一人が、その潜在意識で作り出した怪物が、同時に移住した人達を次々に、殺してしまったという内容です。今回の現象も生霊として、取り憑いて、その相手の人物を破滅に向かわせることになるので、まさに、現代版『イドの惑星』となるのでしょう。

　佐々木さんも機会があったら、この『イドの惑星』は出版されていますから、一読されてはいかがですか」

「はい、早速本屋へ行ってさがしてみます。営業の関係から、心理学の本をいくつか読んでいるので、その方面に興味はありますから。

　人間の潜在意識については、なかなか面白いと思うのですが、反面怖いというか、良い時は良いんでしょうが、悪く出ると最悪ということになるんですね。自分へは病気とか怪我で、相手へは命にまで関わることになるということで、まさに両刃の剣の様ですね」

「一般的に視ますと、死んだ人の念により、霊障が起こり、不幸が続くということがありますが、その場合にはお祀りなどをして、その霊がそれにより納得し霊界へ向上して行けば、その亡くなった方の念が、ずっと続くということはありません。

しかし、生きている人の生霊の念は、念を送る人は生きているのですから途切れることなく、次から次へと送られてきますから、祓っても、九字を切っても、送られてくることになります。だから、憑かれた側の人は並の力では太刀打ち出来ないので、その念を送られた人はその影響を強く受けることになるのです
だが、人を恨めば穴二つの、そのことわざ通りに、後日聞いた話ですが、その女性は自動車の自損事故で大けがをしたと聞いています。

人を恨むとか、恨まれるということは、相手にも、またその事故の様に自分の人生にも大きな損失を生じるから、人間関係では恨まない、恨まれない様な人生を送りたいですね。

また、この憎まれる、恨まれるということはこの世だけではなく、来世にも続くというか、持ち越すわけですから、人間関係に注意を払わなければいけないといえます。

でも、これは前世からというか、先祖から積み残して片付けていない因縁も多くあり、それが原因で先ほどの人を恨むとか何事に対しても怒りやすい、悲観的に解釈してしまう、そして嫌な物事から逃避するなどのことが生じてしまうので、聖徳太子が言われていた『和を以って尊し』とかの人生を送るということは、相当に難しいことだと思います。

霊能者とか、霊的能力者また特異能力者とか、色々な表現方法がありますが、その能力も幅広くあり、例えば視える、聴こえる、霊と話せる、物を引き寄せる物理的力から心霊治療まで数多くあり、これらは科学ではなかなか解明し難いけれど現実には存在するのです。

今回のことで、私の力を再認識したのですが、どうも祓う力、つまり除霊、浄霊のうち除霊の能力は、まだまだ足りないんだなと悟りました。

今まで浄霊については、多くの霊に引導を渡すと言いますか、悟らせ成仏して貰っているので、こちらは力はあるようなので、私もホッと安心しています。

この除霊とか、浄霊とかと言いますが、以前心霊相談を受けた方にはお話ししたことがあるんですが、群馬県の前橋に除霊、浄霊について素晴らしい能力を持っている方がおられます。四年ほど前のことですが、ある有名なテーマパークが衰退したので、業者の方が『どうにかならないか』と相談されたそうです。そこで、その先生が視たところかなり強い霊障が原因だということで、お祓いしたところそれまで障っていた多くの霊たちが、大空が暗くなるほどの数の鳥の姿で現れ、その先生に感謝をして飛び去って行き、後日談ではそのテーマパークは息を吹き返したとのことで、それ程の力を持った女性の先生がおられるのです。

お名前は渡部といわれ、テレビ出演や雑誌に掲載された高名な方で、人格的にもとても素晴らしい方で、私は今でも電話で時々お話ししているのですけれど、このことが起きた最初の頃に、この先生にご相談していれば、解決も早かったでしょうし、こんなに苦しまなかったかなと思っています。

それと、若い頃にこの先生から色々と学んでおけば、霊能力を磨くためにも良かったなと悔やんでいるところです。

話を戻しますと、この恨まれた男性は、再起不能に近い病に倒れることとなりましたが、低いものである「ものの怪」に取り憑かれた私の場合では、もし霊能力を持っていなければ、『理由不明の自殺』となっていたかもしれませんでした。

私の経験した話はこれでおしまいですが、いかがでしたか」

「びっくりしました。私には視えないから余計にこんな解釈になると思うのですが、生霊というものが存在し取り憑かれた場合は、自殺とか事故死をするまでに至るとは信じられないですね。

話を聞いている途中、鳥肌が立って背中がゾクゾクしましたよ。

しかし、人との諍いが発展すれば確かにお互いが恨むこととなりますから、生霊が憑かなくても、決して幸せな結果にはならないということを肌で感じました。

しかし、とにかく鳥肌が立ちました。気を付けないといけないですね。感想という感想でなくてすみません」

「いえいえ、霊的なことについて、ほとんどの方は、聞きなれない話ですからね。

それから、亡くなった霊による障りである霊障について は、例えば昔古戦場であったとか、処刑場、墓場であったとかの土地関係とかが、その原因となることが多いのですが、その霊障の原因となるものが視えない人の場合であれば、体の具合が悪い、家庭で家族が病気とか不和になる、また事故を起こすとか、とにかく、不幸が続くとかというだけで、何の対策も講じることが出来ずに多くの方は困っておられるのが現状です。

そのため、私は、頼まれた場合、その不幸の原因である不浄の土地の浄化とか、人からの霊障であればその霊を祓い浄霊しています。

そうすれば、当然ですがその瞬間からすべてが改善し、先ほどの障害であったものはなくなって、つまりは幸せな家庭を築けることになります。
また、土地がらみの問題の場合は、そこから離れるとか清めればある程度改善することができますが、土地に関する強い因縁を家系的に持っている人の場合では、津波に襲われやすいとか山崩れが起きやすい場所を離れ、新たに土地を求めても、また同じような所を選んでしまう傾向があるようです」

自分自身のなかにある「呼び込んでしまう考え」に気付く！

土地との深い因縁を聞きながら、私はカップの底に残ったコーヒーを、すするように飲み込んで、マスターの話を一言も聞き洩らさない様にとカウンターに肘をつけ、身を乗り出すおかしな姿勢になった。

マスターは、私の姿勢を気に介さず
「さて、低いものを呼び寄せることになる性格、ものの考え方の人は、障害となる霊を祓っても、その人のものの考え方が基本的に改善されなければ、後日また別な同じような低い霊を引き込むとか、呼び込むため不幸に逆戻りするということになります。
ということは、プラス思考と言いますか、人生において前向きな、明るいものの考え方を持ち、人とはトラブルを起こさずに和を持って日常生活を送っていかなければならないのです。
ですが、言葉では簡単で、聞く側も『ハイそうですね。そうします』と言いますが、この生身の肉体を持った人間は相手の存在もあるので、実現には程遠く、結果としてトラブルを起こすだけでなく、多くの新しい因縁を生じさせることになるのが現実と言えます。

この世は、肉体を持った人間だけでなく、霊とも共存しているのだから、トラブルを起こす様な暗いものの考え方を持てば、何時低いものに取り憑かれてというか、自分がその低いものを呼び込むことになるから、結果としてこの肉体をその低いものに、どの様にもて遊ばれてしまうか分からないのです。

この、もて遊ばれてしまうという現象が、最近多くみられるようです。

それは、二重人格、多重人格とか言われる症状とか、新聞テレビなどで放送されている殺人などの大きな事件を起こした事例では、犯人が逮捕されてからフッと我に返り、犯人である本人はあまり事件のことは覚えていないというような事件などです。

これは、憑いたものが離れたことによる現象と思われることですが、事件のことはあまり記憶にないとか、何でこんなことをしてしまったんだろうかと言っていることです。

自分がやった事件について、原因をよく覚えていないと犯人が言うケースを見受けるのですが、それは私からみると事件の全てではないのですが、憑いているものに操作され事件を起こしたんだということが分かります。

では、それは何でそんなことが言えるのかということですが、テレビで犯人が捕まった直後のテレビニュースの映像では、犯人から憑いているものがスーッと離れていくのが視えるからなんです」

「霊が憑きやすいと言われる憑依体質の人は危ないし、それとマスターが言われる自分の気持ちの程度により低いものを呼び込むことになり、自分の意志とかけ離れた状態で、事件を起こしたり、事故に巻き込まれたりするんですね」

「そうです。しかし、犯した罪を霊のせいにしてもらっては困ります。もちろん犯罪を犯した本人が悪いわけですから。しかし、一方では低い存在が、我々の肉体を手に入れ、自分の欲望を満たそうと、この人間の肉体を四六時中狙っているんだということを、理解して欲しいと思います。

そして、人を憎む、恨み続けるとか、世をすねた考え方を続けるようであれば、自分が希望するかのように低い存在によって肉体も心も占領され支配されてしまうのです。

その結果が、今お話ししたような大事件を起こし、いくら反省しても遅いということになるのです。

つまりは、人間のこの肉体は自分の物であって、それを低い存在に占領されず、自分の意志で人生の目的に向かい日常を送っていけるように歩んで行かなければならないということなんでしょうね」

「深い話ですね。宗教的というか、正しい日常生活の送り方というか、ものの考え方については理解はできますが、なかなか実行が難しい気がしますし、いまいちピンとこないです。すみません」

「それは仕方ないでしょう。なぜなら、佐々木さんの人生を振り返ってみて、このような話を聞くチャンスは殆んどなかったでしょうし、聞いていても一回聞いたとかでは、心に染み込むことはないからで、気にしないでいいと思います。

でも、信じる、信じないは別として、現実には今お話ししたことが起こっているんだということです」

「この世の中は、考えれば考えるほど不思議ですね。正直怖いですね。

ですが、そんなことが現実にあるということを知って、私も日常でのものの考え方というか、受け取り方が変わっていくような気がします。

本当に勉強になりました。ありがとうございました」

「いえ、この話は私が体験したことを、何んでだか、佐々木さんに聞いてもらいたくなり、今日は、ほかにあまりお客さんも来なかったので話しただけですので、かえって時間を取らせてすみませんでした。

今度また今日と同じようにお客さんがそこそこの時に、まだまだ面白い話があるのでお話ししますから楽しみにしていて下さい」


こんなに長い時間をかけてマスターから話を聞いたのは初めてで、しかも想像もつかないほどの不思議な、しかも怖い話の内容はすごく興味があり、聞き入ってしまった。

この次の面白い話は、いつ聞かせてもらえるかと、玉やに来るのが、ますます楽しみになってきた。

第六章

「熟年離婚」という夫婦としての修行

お酒に飲まれる夫と被害者意識の妻

暦では、あとひと月で今年も終わる時期となったが、仕事のノルマは終わらない。会社でのミーティングが終わると、『さぁ、出発』と営業に追い出される毎日が続く。道を歩けば、冬の到来を告げる木枯しが吹き荒れ、赤、黄色と色付いてくる街路樹の葉は枝にやっとしがみついているが、冷たい風に『もうだめだ』と、無情にもいくつもの葉が枝から引き離され、道路を散らかしている。

テレビでは、『西高東低の気圧となり、本格的な寒さ到来』と放送している。

街頭の温度は、十度を下回っているから、冷蔵庫の中と同じところにいることになるが、吹く風を受ける体では、体感温度と言えばいいのか、もう凍結寸前だ。乾燥した空気により、鼻粘膜は乾燥し、ヒリヒリと悲鳴を上げ、そこに風邪のウイルスとかインフルエンザウイルスを吸い込めば一気に感染してしまうだろう。こんな日が続き、さらに今年最後となるノルマが付け加われば、誰でも肉体的、精神的に耐えきれない。当然、営業で回っている私は、ダウン寸前だ。

昼過ぎには『やはり、この時点で玉やで体を温めなければ』と、いつもの通り、重い木のドアをギイと開け中に入った。

珍しくお客は誰もいない。

明るい外から、室内に入ったせいか店内は薄暗く感じるが、暖房から流れ出る空気が冷えた体を暖かくくるんでくれる。

「いらっしゃいませ」と、愛想のいい奥さんの案内を受け、私は、定位置のカウンター席に腰掛けホッと一息つくと同時に、マスターから「玉やコーヒーでいいですね」と、こちらから注文を出す前に念押しされ、「は、はい」といつものようにタイミングを外され、妙な返事をしてしまう。

もちろん注文は玉やコーヒーなのだが。

「今日も外は寒いですね。特にビル風は結構堪えます」なんて、一般的な会話しかでてこない。

砂糖を入れスプーンでかきまぜる。凍える寸前の両手でカップを持ち、手の平から腕、体全体へと伝わってくる暖かさを感じながら一口含むと、その暖かさで口のなかが、体温との温度差にびっくりし、寒さに緊張していた体に至福と思える程の心地良さを感じさせてくれた。

「ギイ」と入口のドアが開き　冷たい風とともにとても疲れた感じの初老の女性が入ってきた。

ドアの取っ手を持った奥さんは「いらっしゃいませ。奥へどうぞ」と席を案内する。

「あの、ご相談は受けていただけるのでしょうか」と、案内の手をまだ下げていない奥さんに、その女性は疲れ切った表情で話しかけてきた。

「はい、よろしいですが。それでは、カウンターへどうぞ」

それを見ていたマスターは、『了解した』という顔で、両手はやはりこの寒さだから玉やコーヒーの注文だろうと分かっているのか、動き始めている。

その女性は、マスターの立っている前の席、相談者の定位置となっている席へと腰掛けた。

そして、白いバッグを膝の上に置きながら、懇願する眼差しをマスターに向けている。

マスターは、相談内容はもう理解しているよという様子だ。

しかし。あくまでも相談されるまでは何も知らないよという顔つきで、「飲み物は、何にしましょうか。玉やコーヒーでいいですか」と女性に向かい問いかけている。

「はい、それでお願いします。それと実はご相談があるのですが、お聞きいただけますでしょうか」

「はい、ご相談をお受けすることは出来ます。但し、お時間は三十分ということでよろしいですか」

「本当に、どうしようかと思っていたところなので、ありがとうございます」

「それでは、相談者の皆さんに書いていただいているのですが、お名前と、ご連絡先をお願いします」

「玉やさんのことは、若い頃勤め先で知り合った方からお聞きしていて、今日はお伺いさせていただきました。

お伺いする時には『名前と連絡先は必ずお伝えするように』と言われていましたので、ここに書いてまいりましたが、これでよろしいでしょうか」

出された、便箋に書かれている名前、住所を見て、すべて事前に理解したのか、それともどの問題を相談してくるのだろうかと考えているのか、少し頭を傾けてからマスターは言った。

「ハイ、結構です。それではどの様なご相談でしょうか」

マスターは、初老の女性の頭の方を見ながら、誰かと会話しながら返事をしている様な対応で、相談に乗っているのを知らない人が見たのなら、何か奇異な感じを受けると思う。

そして、いつも相談者と話す時にやるように、初老の女性の頭の上方を見ながら、誰かと会話しているような返事をしているため、返事のタイミングがずれるようだ。

「お名前は、花輪美津江さんですね。お住まいは、茨城県の水戸市ですか、こちらに来るのは初めてで大変だったでしょう」

「いいえ、問題が片付くなら、どんなに遠くても構いません」

「では、ご相談の内容についてですが、お話しいただけますか」

以前、マスターから聞いたことだが、質問内容が分かっていても、相手の方から相談を受けたものにだけ回答しているんだそうだ。そして話しても、相手の人がそのことを実行しないと分かっている場合は、どんなに困っていても解決方法は教えないと言っていた。

それは、こちらが親切心で『こうしたら良いよ』と言ってあげても、そのことを実行しなければ、その反動がこちらへ帰ってきて、自分が苦しむことになるので、ヒント程度しか言わないことにしているらしい。

「相談内容は、主人とのことですが、主人とは私が二十代の時に結婚し、以来三十五年ほどになります。職場結婚で、子どもは二人おりますが、もう成人してそれぞれ就職して別々に住んでいます。ですので、今は私と定年退職した主人の二人だけで住んでいます。

結婚したての頃は気付かなかったんですが、最初の子どもが生まれてしばらくたってから、主人のやることなすことが気に障り、何か合わなくなってきていると感じ始めました。

理由はいくつかあるのですが、一つひとつお話ししてもよろしいでしょうか」

「ええ、よろしいですよ」

「最初に感じたのは、初めての子育てで、四苦八苦している時に、主人は仕事を遅くまでやっていて、ストレスもあったのかしれませんが、毎晩職場の人たちと飲んで帰ってきて、朝は早く出かけるので私との会話もなくなってしまったことでした。

会社が休みの日曜日などには、子どもたちと遊んではいましたが、家事のこととか町内会のことなど、すべて私に押し付け全然やってくれないのです。

その時には、『少しは、手伝ってほしい』と言ったんですが、その度に『俺は会社で忙しいんだ。だから、家事はお前がやるのが当然だ』と言い返してくるからよく喧嘩したのですが、こんな考えを持つのは、私が身勝手だったんでしょうか」

「ご主人に対し、いくつかの不満があるようなので、問題を一つお話しされたら、それについてお答えするという様に一つずつ答えていき最後にまとめた話をするようにしましょうか。

その方が、花輪さんも話をしやすいでしょうし、私もお答えしやすいですから」

「ありがとうございます。確かに、その方がご相談しやすいので助かります」

「昔は、男性は外に出ると七人の敵がいると言われていましたが、それは当たり前ですが敵がいるのではなく、それ程仕事が大変なんだよという比喩だと思います。

外での仕事は大変だということは、今も昔も変わってはいないはずです。会社での仕事の疲れ、対人関係のトラブルとか多くのストレスが溜まり、そこに忙しくて休みも取れなく病気になるとか、うつ病、ひどい事例では自殺までしてしまう話を聞きますと、その方々はとても気の毒だと思います。

しかし、精神的に、又肉体も頑丈な人ならば、少々の問題が起こっても影響は生じないと思います。

ご主人は、お聞きしますと肉体的には少々頑丈だったようですが、やはりストレスは溜まっていたんじゃなかったかと思います。

ですが、花輪さんは心霊的な解決を含めご相談に来られているので、それについて少しご説明しますと、人とのトラブルを生じた場合とか、相手の念を強く受けた場合などはオーラに色が変わったり傷がつくので、視える人が視れば人とのトラブルを起こしたなとかが分かるようになっています。

そして、その傷が改善されず長く続き、傷の程度がひどくなれば、先ほどお話ししたような重篤な病気などになってしまうことになります。

花輪さん自身は、少し傷ついているようで、その原因がご主人なのか、他のストレスなのかわかりませんが、色も混濁しているようですから、今日ここに来られたのは改善するためにいいタイミングだったと思います」

「そう言われますと、以前からそうだったんですが、だるいとか肩こりがひどいだけでなく、慢性胃炎の様な症状で、体質かなと思い病院で診てもらい薬を飲んだりしていましたが、あまり改善はありませんでした。この調子の悪い原因は、主人が原因のストレスだったんですか？」

「それも少しはあると思いますが、これについての原因のほとんどはあなた自身によるものだと思います。

つまりは、相手がさほど思っていないのに、ひどい行為もしていないのに、あなたの感情が何倍にも増幅して、好き嫌いの区別を強く出すため、つまりは自分が、例えばご主人とか周囲の誰も特に意識していないのに、自分自身がある事柄に過剰に反応して、勝手に先々の脚本を書き、一人芝居をするだけでなく、自分の体までも傷つけてしまうということでしょう。

確かにご主人は、あなたに家事一切、面倒な町内会のこととかを任せるというか、逃げていたようですが、仕事上の疲れからと、ストレスも相当溜まっていたと思いますので、病気にならなかったのは幸いでしたね。

そして、あなたがご主人に感じている不満の内容は、ご主人が前世で家族とか人への優しさ、愛情の意味と人への注ぎ方がまだ未熟であったから、今世でそのことを修正していくための勉強をしているから起きるのだと思います。

ご主人に対して『愛情不足だ』と強く感じるのであれば、あなたが年上の立場、姉さんのような立場で、ご主人をうまくコントロールしていけば良かったんではないかと思いますけれど、すでにそれは過去形ですからね」

なるほど一人芝居で悩んでいるということは、花輪さんに失礼だがなかなかに面白い表現だと思う。

そういえば、私の職場の仲間とか大学時代の友人を見ても、結構一人芝居で悩んだりして、一喜一憂する人がいたので、その人たちの顔を頭に浮かべるとなるほどなるほどと納得できる。

「それと、子育てについてですが、最近の社会的風潮は主婦ではなく、主夫の方も増えてきているようですが、動物社会ではメスが子育てをするのがほとんどです。野生のライオン、トラ、牛など見てお分かりかと思いますが、子どもは母親について歩き、育っていくのに必要な母乳を飲み、さらに外敵から守ってもらっていますね。そこで、その解釈はいろいろあると思いますが、私は動物も、人間も子どもは母親に付いて育っていくのが、生育上適切だと思っています。

何故かと言えば、人間の場合では十か月以上母親の胎内で育ち、子宮内にいるその時は、心音、腸内のゴロゴロという音を毎日聞いて赤ん坊として大きくなり、この世に出てくるのです。

赤ん坊を抱いた母親を見ても、経験上でもお分かりかとも思いますが、その赤ん坊が泣いて、愚図った時に母親が赤ん坊を抱きしめるとそれが止むんですよね。何故だと思いますか。これは医学界では評価されている話ですが、抱きしめた時に母親の心音を聞き、体温を感じ、胎内にいて安心だった時の状況を思い出すから、愚図るのが止むのだと。

最近では、赤ん坊が泣いた時に聞かせる音楽ＣＤなどが発売されていて、それはお腹のゴロゴロ音とか心音がミックスした音のもので、私たち大人が聞くと単なる雑音にしか聞こえなくても、赤ん坊はその音を聞くと、安心しておとなしくなり、スヤスヤと寝入るようになっているようです。

これは、男性にはどんなに頑張ってもできないことで、十か月以上も一緒にいた母親だけに出来る特権なんです。

子どもにとって、母親の存在はとても大きく大切なものなんです。ですから、語弊を招くかもしれませんが母親が子どもを育て、父親は生活するためのお金を稼ぎに、外の社会で働き、外敵から家族を守るということが、動物社会から見た人間社会かと思います。

ただし、時代も変わってきたので、これが良いというのではなく社会で受け入れている子育ての方法もあるので、どの方法を取るかは自由ということになります。

確かに母親だからと、一日中家の中で子育て掃除、洗濯、料理をする状態であれば、ストレスも溜まりますし、少しも応援、手伝ってくれないご主人であれば感情がドカンと爆発するのは当然だと思います」

花輪さんは、自分の気持ちを少しマスターが代弁してくれたと思ったのかホッとした顔つきになったが、まだ納得していない様子で話し始めた。

「続けてご相談させていただきたいと思いますがいいですか。

それは、先ほどお話ししました会社の帰りに、夜遅くまで飲んでいたことについてなんですが、肝臓が丈夫なのか大酒飲みで、当時は外で飲んで帰っても、寝る前にさらにお酒を飲んでいました。私が、『体に悪いから、飲むのをやめたら』というと気に入らないのか、『俺が稼いできた金で飲むのに何で悪いんだ』と、理由をつけて、いつも大声で怒鳴るので怖くて仕方がないので、今もかなりお酒を飲むのですが好きなようにさせています。ただ、主人が会社を定年で退職して収入が少ない今では、お酒代が結構かかるので、それも頭痛の種の一つです。それに、こんな歳になっても私が作った料理がまずいと言って、プイと出ていき、外で食事をしてきます。もちろん、その時もお酒は飲んで帰ってきます」

「奥さんの作る料理を食べずに、外で食べるのは料理を作った奥さんに大変失礼なことですね、

今度まずいと言ったら、『ハイハイそうですか』と聞くだけでなく、『私においしいものを食べさせてくれれば、同じものを出しますから』と言ったらいいでしょう。

それと、ご主人はどの位酒を飲むのですか」

「ええと、若い時はもっと酒量はあったのですが定年となった今でも、朝から飲んでいるから三日で一升瓶二本くらいは飲んでいます。そして、お酒を好き

なように飲んでいれば怒って怒鳴ったりもしないのですが、ちょっと注意をするとすぐ怒ったりするのは昔と変わってはいません。

ですので、この世からお酒がなくなればいいのにと思っています」

「坊主憎けりや、袈裟まで憎いとかの諺がありますが、ご主人が嫌だと思うと、お酒まで嫌われてしまうんですね。

でも、それは当然ですよね。お酒は、古代ギリシャ神話に登場するバッカスが酒の神で有名ですけれど、そのバッカスは酒が原因なんでしょうけれど色々とトラブルを起こしたようです。

ということは昔から、お酒での問題は大なり小なり起きていたということですか。そんなところから見ますと、奥さんもご苦労されてきたと推察いたします。

お酒を飲むと暴れるなんてことを言いますが、それは普段おとなしい人が、飲むと狂暴になる、またいつも荒々しい人が飲むと、当然ながら大暴れするとか、泣き上戸とかいろいろな酒乱の事例をみます。

それは普段、感情面を理性で押さえていたものが、酒を飲むことによりタガが外れた状態になり、抑えられていた感情面が表に出るため、いわゆる酒乱となってしまうのです。

この酒乱については医学的に診た場合とか、一般的な人生相談での回答はちょっと外して、心霊的にお話ししましょう」

「ぜひ、心霊的にお話し下さい。

過去何回か、アルコール依存症について、精神科の医師とか保健所の相談窓口があるのでそこで相談して、いただいた回答の通りにやってみたことがあるのですが、効果がなく変わりませんでしたから」

そこまで話すと、過去の苦労を思い出したのか花輪さんはバッグからハンカチを出し、目頭を押さえている。

マスターは、それを見ているが、しかし花輪さんを見ていない素振りで独り言をぶつぶつと言っている。一人で、道路などの外にいて、ぶつぶつとしゃべればちょっと怪しい感じとなるだろうが、ここの店の中では当然奇異ではなく、相談を受けているマスターの動作だから当たり前というか、花輪さんの背後霊との会話をしているんだろうなと思っている。

お酒を飲みたがる霊

一呼吸おいて、マスターが話し出した。

「大酒のみの人で、飲まなければいられないとか、酒乱になってしまうような人は、そのすべてがご本人の原因ではないんです。ということは、『酒が飲みたい、酒が飲みたい』という気持ちを持っている、酒の因縁をもった浮かばれない先祖の霊が、その子孫の人にすがり『何とかこの苦しみから助けてくれ』という気持ちと、『酒を飲みたい』ということで一緒に飲んでいるのをみるからなんです。

ですから、一合飲めば、二合と、五合飲めば一升をと際限なく飲むようになるのですが、その飲んだ半分はその人に憑いている方が飲んでいるんですよ。

そこで、その憑いている方を納得させ、あの世ではお酒は意味がないことを悟らせて、浄化向上してもらうのが一番いい方法で、これは先祖供養にもなると思いますし、それによりご主人のお酒の量も減ってくるのではないでしょうか。この、ご先祖の苦しみを救えるのは私達ではなく、子孫のあなた方ご夫婦しかできないんですよ」

「お酒は、主人が好きで一人飲んでいるんだとばかり思っていました。

お話をお聞きすると、それ以外の、私には見えませんが憑いている方と一緒に飲んでいる…。

いろいろな人に相談してきましたが、そんな話は一度も聞いたことがありません。では、主人がお酒を飲んで怒鳴ったりするとか、大酒を飲んで辺りかまわず怒鳴り散らしたりするのは何ででしょうか」

「いい質問ですというのは、よく使われる表現ですが、その質問についてお話ししましょう。

その憑いている方が、生前この世にいる時に、なぜ普通以上にお酒を飲むようになったのかを考えると、分かってくるのではないでしょうか。一般的に言われることですが、嫌なことから逃れるためとかストレス発散のためとかと理由をつけますが、結局は自分の心が弱いから、酒で理性を解き放ち感情面を優先させ、一時的な快感に浸り、そのストレス原因などを忘れるために酒へと逃避し、いわゆるアルコール依存症となっていくのでしょう。

そして、同時に先ほどお話しした『酒を飲みたい。酒を飲みたくて、飲みたくて苦しんでいる』という先祖が憑いているから、症状がひどくなっていくことになるのです。

ただし、町内とか、何人かの仲間内で一時的に、楽しく酒を酌み交わし、酔っぱらうことが続いたとしても、アルコール依存症になるようなことは起きないようです」

確かにマスターが言ったストレス発散のためということでは、自分も過去に仕事でストレスがたまった時があり、そんなときは部屋で吐くほど酒を飲んで、酔いつぶれ気を紛らわしたりしたことがある。

今、話を聞いてドキッというか、ホッとしたのは、このことがずっと続かなかったことで、もし飲むのを続けていたら、この体は肝臓を傷め病気になるか、アル中か、はたまたアルコールが原因で事故を起こしていたかもしれず、会社も首になっていたかもしれないからだ。

「花輪さんは、今日からでもよろしいと思いますが、お帰りになったら、仏壇でご先祖霊にお酒をどの位でもいいのでお供えし、『今まで、存じ上げませんでしたが、ここにお酒をお供えさせていただきます。お名前も存じ上げないご先祖様の中で、お酒で苦労された方がおられましたら、どうぞ浄化向上くださ い』と真剣に、その名前も存じ上げないご先祖の因縁解消を願うことです。

私に、この話をされたのは花輪家の四、五代前のご先祖にあたる方だと思われるのですが、年数から見ると百五十年ぐらい前の、江戸末期の方で、大きな商家のご主人をされていました。

その方は、大酒を飲み遊ぶということが仕事よりも優先したため、店をたたまざるを得なくなり、家族、奉公人を路頭に迷わし大変迷惑をかけてしまったと、自分だけでなく皆さんの人生を狂わしたと泣きながら悔やんでおられます。

花輪さんのご主人に、その様なご先祖の方が、『悔やんでいるのだけれど、酒は飲みたいし、止めることもできない。だから苦しいんだ』と、ご主人に憑いて一緒に酒を飲んでいるんだと言っておられます。

ですから、憑いているご先祖について、どうしたらいいのかというのは、今お話しした様にご先祖様にお酒をお供えして、お祀りをし、花輪家の子孫のご主人とあなたとでよくご供養することです」

「あの、うちの主人は神仏について興味がないと申しますか、全然関心を持たず、家にお仏壇、神棚はありますが、そこに手を合わせたこともないんです。それに、私が色々と話しても気に入らないことについては聞く耳を持たないと言いますか、一切人の話を聞いてくれません。

そんな状態なので、主人に説明をして供養をさせるのはどうしたらいいでしょうか」

「ご相談に来られる方の多くは、今花輪さんがお話しされたように、どうしたらいいのかと困っておられます。その様であれば、ご主人に無理に勧めても難しいですから、奥さんであるあなたが『ご主人の分も合わせて、ご供養させていただきます』と、仏壇で手を合わせて話し、お祀りするのが良いでしょう。

もちろん、神棚にも同じようにされてはいかがでしょうか。

そうすれば、自分の気持ちも軽くなるでしょうし、真剣にお祀りすることで、子孫の方々からご先祖の方へ『お酒の苦しみがなくなりますように』との愛念を送ることとなり、あなたの気持ちも通じるので、ご理解されご先祖は浄化向上され、ご主人の酒癖も良い方向へ向かうと思いますがいかがでしょうか。

この世では、いくら良いことを考え、思っても、実行し結果を出さなければならない世界ですので、ぜひあなたがご主人の分も合わせてお祀りを実行されるのがよろしいと思います」

「続けてと申しますか、最後にお話ししたいことは、最初にお話ししました、気に入らないことがあると怒鳴るとか、怒る言葉の暴力によって気が滅入ってしまうし、いつも自分勝手な行動で、また自分の意見は絶対正しいんだと押し通し、今のお酒のこともご先祖様については仕方ないのでしょうが、結果として主人が飲むたびに酒乱になるので、ほとほと嫌気がさしてきています。

ですので、マスターのアドバイスの主人の代わりをと言われても内心いやだと思ってしまいます。この年になって、子どもも独立しているので、嫌な相手と先々も一緒にいるということについて、とても耐えられませんし、離婚も真剣に考えています。

ですが、私の実家の父母も他界し帰るところもなく、お金もあまりないので、今後の生活を考えるとどうしていいいか」

「花輪さんは正直なお方ですね。何故なら、私がこうしたらという話を『嫌です』とはっきりおっしゃるからなんですが。

最初からの、お話をお聞きしていますと、嫌なご主人も普段の生活ではひどい暴力をふるったりすることもないようですし、お子さんが小さい時にはそこそこでも一緒に遊んだということは、私から見れば根っからの悪い人とは思えませんから、世間で言われるような、単に仲の良くない夫婦と解釈してしまいます。そして、花輪さんはしっかりした奥さんだとお見受けしますが、別な言い方をすれば頑固で、気に入らないでしょうが、ご主人と同じ性格だと言えます。

一般的な回答をしてみますと、ご主人が怒鳴ったり、すぐ怒るようなことがあるんだったら、そこにいなければ良いのだし、怒ったりしても直接暴力をふるったりすることはないとのことですから、聞き流すのが良いんですが、実際は無理ですよね。

普段落ち着いている時に、ご主人から、自分への不満、家庭をどのように考え、求めているのか、何が気に入らないのかとじっくりと話し合って聞き出すことにより、ご主人の胸の中に溜まっている鬱積した不満というエネルギーも、少しずつ吐き出されるので、段々と怒鳴るようなことはなくなると思います。

しかし、今花輪さんの心の中で『嫌だ』と思う気持ちが強ければ、ご主人と問題解決についての話し合いをしていくということは無理でしょうから、この提案も受け入れられませんね」

「はいそうです。今お話を伺っていて、そんな選択もあるかなと思いますが、今までの気持ちの中で嫌だと思うことが多いので、すぐには無理だと思います」

当然その返事があるだろうと、すでに分かっているのかマスターは別な言い方を始めた。

「本当は、機嫌の良い時だけそばにいて、機嫌が悪くなり始めたら離れて、ご主人の負の波動を受けないようにするため、そしてタイミングを外すためにも、自分のペースで買い物とか散歩にでも出かけてしまうのが良いんですけれど。

それでも『無理だ』ということであれば、市役所の相談コーナーに行って相談するとか、弁護士さんに離婚について具体的にご相談されるのも、選択の一つですから仕方ないと思います。

今は、家庭内騒動とか離婚などの問題は多くのところで、生活、金銭問題を含め気楽に相談できるので、さほど深刻にならなくてもよろしいかと思います。

ただし、この世では、どんな良いことでも、悪いことでも決めるのは自分ですし、その結果責任を負うのも自分ですから、離婚するのか、お互いが嫌でも話し合って納得した人生を送ればいいのか、そのどちらを選択するかを、私の話が終わってから、もう一度お考えになったらいかがでしょうか。

それと、付け足しのようになりますが、花輪さんのように困っている夫婦間のトラブルで、この『玉や』にご相談に来られる方はとても多くおられます。ということは、花輪さんだけでなく、ご結婚されてある程度年数が経つと、かなりの方が夫婦間での問題が生じて困っておられるということです。

マスコミの統計発表を見ても、熟年層の離婚数が増えているだけでなく、家庭内別居とか離婚をしないまでも別々に居住している方も多いようですから、日本中の結婚されている方々は、若い方、高齢の方を含め花輪さんの様な問題を、大なり小なり抱えているんですね。では、別な角度からのご説明と申しますか、心霊的に話をしてみましょう」

マスターは、花輪さんの様な相談を数多く受けていて、それぞれにアドバイスをしているからか、それともマスターには素晴らしい背後霊が付いていて、その都度指導しているからなのかわからないが、説明の内容が的確なのと、話の持って行き方がなかなか上手いと思う。

当然といえば当然だが、夫婦間での話し合いが出来ない、では離婚の話をと進めるが、答えを出す前にはマスターの話を聞いてから決める様に願いたい。

そして、その答えは『自分の意志で決められるけれど、それには責任が伴うんだよ』と畳み掛けるような話の持っていき方は的確である。

この世で修正をする

マスターは、さらに続けて話し始めた。

「花輪さんは、子どもがなぜ生まれるかはご存知だと思いますが、ちょっとお話ししましょう。

女性のたった一個の卵子に、男性からの数億の精子が我も我もと名乗りを上げて向かっていき、結果として一つだけが選ばれて受精し、十月十日経つと生命が誕生することになるのですが、このことだけみても神妙であり、奇跡なのです。

そして、子どもとして生まれ成長し成人となって、日本国民の人口は一億二千万人以上が戸籍登録されていますが、その中からたった二人、今のご主人とあなたが出会って結ばれ結婚したのです。

このことを見ても、先ほどの受胎と同じように奇跡に近いことなんだと思うのですが、いかがでしょうか。

その奇跡の二人がトラブルを起こし、お互いの意見は噛み合わず、感情も平行線で交わるところもなく、離婚の話まで出てくるというのが、悲しいかな今の花輪さんの現状なんですよね」

「受胎についての医学的な話は、高校の生物学の授業で勉強したのを思い出しました。それは、マスターの言われる通りに、奇跡に近いことだと思ったのを思い出します。

ただ、主人と出会って、色々なことを経て、離婚のことまで考えるようになってしまったことは、私も感情の動物ですから、もう、これ以上は主人に合わせて何でもかんでもハイハイとは応えられませんし、正直頭にきたということが何回もあったわけです」

「まさに、そのことをお話ししたかったんです。

お互いの意見がすれ違い噛み合わなくなり、相手の欠点ばかりが見えるようになる。そして、それを絶対に許せないとなることは、ご主人は、あなたがこの世で試練を受け勉強しそして悟るために用意された大切な相手なのです。それは何故かということですが、まずは人の人生について説明をさせていただきます。

先ほどの受胎とは異なる心霊的な説明になりますが、この世に人間として生まれるということは、魂を進化向上させるためなのです。

ですから、この世に生まれて、幸せなことだけではなく、つらいこと、くやしいことや悲しいことなど色々な事が起きるのは、それらの試練を経験し、行動して乗り越えていくということを学ばせるために起こると言ってもいいでしょう。

さらには、自然界の在り方を学び取り、人の千差万別の心の在り方も学び取る、そして、自分がそれらをどう理解して、どう対していくのかを学ぶのです。

ですが、その学ぶ過程において、正しい意見だからといって、いつまでもそれを押し通せば、そこには、不和というものが生じてきますね。

また、男女の結び付きについて考えてみますと、恋愛でよく見られることなんですが、男女が強く惹かれ合ったりしていますが、これは前世的関係者でお互いになんとなく惹かれ合っているからであって、テレビ番組の様に現世だけで突然知り合い、恋愛に発展するという様なことはあり得ません。

その二人が、縁あって一緒になり、それがプラスの方に、また二人で力を合わせ、日の当たる大きな道を手を繋いでいける様にすればいいのですが、そこでトラブルが起きるのは、前世からの関係性が絡んでいるからなんです。

『あの人は、悪い人だから付き合うのを止めなさい。』と忠告されても、どうしても別れられない。心惹かれる』というのは、前世での関係と因縁解消のためだから、どうしてもそういう事になってしまいます。

二人の間が、マイナスにしかいかないというのは、前世で失敗して、この世でもう一度やり直そうと思って来ているのに、また同じ事を繰り返しやっているのでは、再びあの世へ戻って深く反省して、また生まれ変わり、同じ事を修正しに、何回もこの世に来なければならないということになるのです。

ですから、ご主人となかなかうまくいかないとか、悪いところしか見えなくなるのは、その因縁が強く前に出てきているからで、本来は二人で片付ける予定のはずが片付けられずにいるどころか、逆にさらに新しい因縁を二人で作り上げていることになります。

それでは、何回生まれ変わっも苦労することの繰り返しです。つまり、因縁を片付けるには時間がかかるということになるんですね。

ですから、気が付いてください。今この世でそれを修正してしまわなくてはいけないのです。全ての物事は、人間の心の在り方次第で、良くも悪くも変えることが出来るし、それが良くも悪くも発展して行くので、人間の心というものを知らなければなりません。勉強もしなければいけないんです。

ほとんどの方は気付いてはおられないと思いますが、魂は常に進化向上を目指しているのです。ですから、波風の立っている今、修正のための試練ということを気が付いていてください」

息を潜めるように聞き入っていた花輪さんは、自分に納得させるように答えていた。

「そういうことなのですね。主人に対してカッカするのは考えます。

魂が、進化向上するということはよく分からないのですが、よく言われるように人間的に向上するというように理解していいのでしょうか。当然でしょうが、人との関係ということは、私の場合では主人とでしょうが、人とのトラブルを乗り越えて悟っていくという解釈したのですけれど。でも、現実には嫌いな人を理解して、認めていくことを続けられるかが不安です」

「そうですね、急に相手を理解して、魂の進化向上だ、といわれも理解するのは難しいと思います。

では、私の尊敬する船橋市の霊能者の先生から、以前聞いた話で、花輪さんのこれからの考え方に参考になると思うので聞いていただきたいと思います。

ちょっと聞きなれない言葉が出てきますが、心で聞いてみてください。『宗教、宗派が色々に別れている様に、心霊の教えについても様々に伝えられています。心霊の知識をそれぞれの人達は正しく学ぶ必要があります。それは前世での心の因縁を修正するために、人間としてまた、この世に出されて、因縁修正するために生かされ、この生活の中で自分の心の心境状態を知る様になっているからなのです。その心の世界は、自分の心が如何なる境地の背後の霊の支配を、一番身近に持っているかによる日常生活によって、条件付けられるものなので、心の在り方で幸せを条件付けることにもなり、不幸になっていくことを条件付けていくことにもなるのです』とその先生は言われていました。

『人間の、日常の心の在り方は、見えない世界の霊的影響と、現実社会の関わり合いの生活であり、その人間の肉体は、霊的面と物質面の両面の肉体であるので、霊的影響も現実世界の影響も受けるということになるのです。

その人の物の考え方で、その心の波動に見えない世界の霊的なものが波動的に反応し、同調、共鳴し合います。これは心の世界は同心境、同波動の者でなければ反応しないという心の法則になっているからであって、つまり類は共を呼ぶという法則なのです。

暗い物の考え方、生活で感謝の心がなく、不平不満の自己中心的な心境の日々であったり、被害者意識が強く、頑固で我が強く、何でも人のせいにしたり、社会のせいにしたりの生き方であったり、人の事ばかり批判し、非難し、責めたりする様な生活が持続していきますと、低い霊とつながってしまいます。そうなると自分の肉体を自分で傷つけ、不調をきたしてきます。そして、病気になってしまったり、うつ病などを招いてしまうという結果になりがちです。

そうなってから病院に行ったり、神頼みをいくらしても、肉体や精神に病気を作ってしまう原因となる心の修正が正しくなされなければ、その病気は治っても、また他の病気を作ってしまう事になります。

ですから、日常生活では、明るく物事を考え捉えて、問題が発生しても逃げずに一つひとつ片付けていくことが肝要です』ということで、長い話になりましたが、私が尊敬する霊能者の先生の話です。

この世に生きている人間は、常に霊と影響し合い悟ることもあれば、低い意識、考え方で低級霊にこの肉体を乗っ取られ、本人の意思とは別の生き方をすることにもなるんだよ、ということについてのお話です」

「日常の心がけが左右するのですね。

それが霊的影響…そして現実での影響も受けるということですか。

なかなか難しいお話で、理解するには難しいですね。ですが、明るく物事を考え、感謝することが大切ということと、今の私がまさにそうなんでしょうけれど、頑固な性格を正していかなければいけないということは納得しました」

「花輪さんに少しはご理解いただけてよかった。

病気について考えてみますと、自分の心と体は一体だから、心が間違ったことをやっていれば、自然と体に病気というものが生じ、『今の、あなたの行動は間違っているよ』ということを表わすようになっていて、それで本人が間違いというものに気付くようになっています。ですが、多くの方はこの法則に気付かないから、『○○の病気になり、手術した』とか、改善も反省もなければ、さらに他の病気を発症することとなるのです。

ここで、これらのこと改めていけばいいんでしょうが、気付かずに現世的考えを持って、従来通りの生活を送るのであれば、ひどい場合は、命まで亡くすことにもなるのです。

夫婦間のことを見てみれば、二人はお互いが片付けなければならない因縁を持った対立的関係であり、双方が片付けなければいけないという目的を持っていますから、決して自分の気に入るように、旦那さんや、姑さんが行動してくれるわけがないのです。また、お互いが勝手なことを言って生じる対立とか、トラブルが生じてくるのは、『この家にこんな因縁がありますよ』と家族の皆さんが表現してくれている現象なのです。

これは、自分の体であれば病気となって知らせ、夫婦間のトラブルであれば、お互いがその家の因縁を教えてくれることが起き、気付かせてくれるようなことが生じるようになっているのですが、現実的にはなかなかお分かりにならないようです。

だから、自分がそれに気が付いて、実行して直していくしかありませんし、因縁を修正していくしかありません。

修正の具体的な方法ですが、神仏に良くお願いします。

特に花輪家を守っていて下さるご先祖様に、よく今の状況を説明をして因縁を片付けるためにお力を貸してもらうことです。

それと、陰徳、積善を積んで花輪家の罪穢れである因縁と差引をしてもらい、少しで問題を軽くしてもらうことですね。よく何をすればいいのですかと、お聞きになる方がいますが、隠徳ですから、陰でそっとやることとですね。朝早く起きて道路を掃除するとか、誰にも褒めてもらわないでそっとやることを何か見付けて始めてみたらいいと思いますよ」

「なるほど。マスターのお話よく理解できました。

家の因縁とか、私と主人とが前世で片付けなければいけないことがあったのに、また同じことをこの世でやってしまい、生まれ変わりを繰り返すということはしたいとは思いません。

そのためなら、直すというか修正するために、相手のことを良く思うとか、優しく対応するのもできそうです。

でも、正直、主人に対する嫌悪感が半分以上詰まっているので、主人の顔を思い浮かべると、話を伺った今でも実際にはどうしていいのか分からなくなってしまいます」

「花輪さんは病気をして、入院とか手術をしたことがありますか。私のところへ、ご相談に来る方の多くは病気をして入院をしている間に時間があるので、本人が色々人生を振り返り、考えられることがあるようです。

『入院して自分の体の自由がきかなくなる半面、気持ちとか意識は十分働くので周囲に生じる物事とか、人間模様とがよく分かるようになる』と言っておられます。

それだけでなく、『自分がわがままであったこと、人の話を聞かず自分の意見を押し通す頑固な性格であったことを反省する時間が出来た。ただ反省するだけではなくその部分を実行して、これからは家族、友人に接していこうと思いました』と。

そして、夫婦の在り方についても考えるので、『愛というものは何か、家族の優しさとか友人の頼もしさ』という事がよく分かるようになったと言っています。

痛い目に遭って初めてわかるようになったと理解すれば、病気も魂の向上、心の優しさに気付くということであれば、まんざら悪くもないんですね」

マスターの話は、入院した人の全員が皆悟っているように聞こえるが『玉やに相談とか、お客で来ている人だけが入院して、ものの考え方が違ってくるのでは…』と、意味をとらえてしまう。

何故なら、自分でもそう思うから言えるのだが、この浮世で生活していて、現在の現象だけを見つめている人には理解できないんじゃないかと思うからだ。

少し表情が明るくなった花輪さんが話し出した。

「私は、出産のときに産婦人科に入院しただけで、病気で入院したことがないので、病人の方の苦しみとかはわかりません。ですが、入院されている方は確かに時間がありますので、確かにものの考え方で、すべてをネガティブにとるのか、ポジティブにとるかで病気の結果が変わることは分かります。

マスターのお話で、そういうことがより分かったような感じです。同じ入院生活でも、ものの捉え方をよい方向にして実行していくことが長い人生にはプラスになるんですね」

「この話は、私の友人とかお店にご相談に来られた方の話であって、お分かりだと思いますが、すべての入院患者の方からのお話ではないんだとご理解いただきたいと思います。

私がお聞きした方々からは、夫婦の相方の本質というものが、よく見えるようになったともお話しされています。

それは、とても良いことで、それを切っ掛けで夫婦円満となれば最高だと思いますね」

愛情とは生まれるものではなく育てゆくもの

花輪さんは、一息つきたいのか、ゆっくりと味わうようにして玉やブレンドを飲んでいる。

頃合いを見計らいマスターは話を続けた。

「結婚とはそもそも好き同士がするのだから、初めから愛情があると勘違いをしている人が多いようです。もちろんそうではありますが、本当は、愛情とは一生かけて育てていくものであり二人で夫婦道という道をこしらえていくものだと思います。

それを途中で、『愛情がなくなりました。だから離婚したい』なんて、身勝手な、わがままを言っているのを見ると、その人たちは初めから、自我の欲望はあるが、本当の愛情はない。二人で育てていく途中で放棄してしまっているのです。

例えば、相手の方が優しくないとか、乱暴だとかなどの理由で、自分が愛情を持てなくなったりするのは、最初から自分の愛があやふやだからだといえます。そして、自分中心に物事を考え、愛情を自分だけに向けて欲しいというわがままな気持ちからであるのと、その相手には自分が求める量の愛情は注いでいないといえます。

ですから、そこにお互いに『もっと愛情が欲しい』とか、『こうして欲しい』とかの要望に段差、距離が生じてくるのです。

本当に愛情を持っていたら、どんな状態になろうとも変わらないはずです。

あなたの愛情は『所詮こんな程度だよ』と相手が見せてくれているのであって、本当に愛情があるのであれば、ご主人であれ、顔も知らない先祖であれ、どんな方でも愛せるはずなのです。

相手の人にちょっとでも変なところを見せられると、途端に嫌いになったりするということは、自分の愛がグラつきやすい愛であったということですから、それに気付くことになれば少しは自分の経験、知識が育ったということになるのでしょう。

そして、これを確かな愛に変えていくように努力するのが人間としての努めで、自分の魂の進化ということであり、相手が良いか悪いかとかは関係ないと私は思っています」

花輪さんは、神妙な様子でマスターの話を聞いている。

「ご主人の生きざまを見て、あなたの心は嫌だと思ってしまう対立関係のなかで、ご主人が怒ることは、自分のなかにある怒る心が同様に反応しているとか、相手が悲しむのは自分も悲しみの心を持っているんだという自分のなかにある感情がでているという、お互いの因縁に気が付いていてください。

それは、自分の心の一面を知ることが出来る物質界ならではの現象ですから、このことによって自分の間違いが何処にあるかという結果的なものが現れて、その結果的な原因は何かということを追究し、悟り、あなたがこの世に持ってきた因縁を解消していくことが大切なのです」

「すごく次元の違う様な話で、なかなか理解できないのですがイメージでは、こうなんだと理解できるような気がします。

夫婦でなくても、人間関係において相手の行動、対応により自分がいかに思ったか、いかなる対応を受けたのかにより相手のことが理解できますが、自分も同様な性質だから、強く自分に影響といいますか、反応してくるんですね」

花輪さんを見ていると、先ほどとは違い、ずいぶん落ち着いた雰囲気でマスターに対して答えている。

かなりの短時間で、マスターの話を理解し、人間の本質を理解するのは、もともと魂的に次元が高いのかなと思う。マスターは、理解してくれていると判断したのか、一呼吸おいて話を続ける。

「自分に関わり合う、見えない世界のものであっても、自分の心境と同波動に関わり合うので、その原因はすべて自分の心に在るということになります。

つまり、人間の日常生活は、見えない世界との関わり合い、そしてその影響受けて、また現実世界の人とも関わり合ったり、影響を受ける日々の生活なのです、その日々の生活は、自分の心次第で、良くも悪くもなるということです」

思い起こしてみれば、私の兄弟でもそうだし、友人の兄弟を見ても、これが兄弟なのかと思うほど性格の異なる方々を見かける。だがこれは、その家に昔から片付けられずに引きずっている因縁を片付けるため、家族のそれぞれが違う目的を持ちこの世に生まれていることになるということなのか。

人と人との関係の様に見えるものでもなかなか対応するのが難しいのだけれど、見えない因縁となると、さらにどうしていいのか分からないというか、難しい。

だが、マスターは色々な角度から花輪さんの問題解決について説明していく。

「夫婦の立場から見てみますと、お互いに欠点である片方が気に入らないところを責め合うことは、結果的に自分も同じ欠点を持っているその部分を責めることになるのですから、責めるのではなくて、欠点を修正しに来ているのですから、お互いが学んだことを改める様に行動することが必要なのです。

そして、幸せになるように努力をして欲しいと思いますが、その幸せとは、この世で健康でしかも物質に恵まれて、家族仲良く楽しく暮らせるだけが幸せということではありません。

魂は、魂が感動した時点において、いくつかの方法で上へ上へと上がっていくような性質を持って生まれているのですが、魂の本分は進化向上することにあり、先祖からの因縁を修正し進化向上できるのが人間の本当の幸せであり、魂の幸せということになるのだと私は思っています。

あなたとご主人が、結婚された意味について考えてみれば、あなたとご主人は良くも悪くも、同格であり、同じ重さの因縁を持ったところへ嫁ぐこととなり、そして結ばれたのです。ということは、同波動、同じような因縁を持っているから引き寄せることになるのであって、それはお互いが響き合うからであって、仲が良いから良いというのではなく、また仲が悪いからいけないというのでもないのです。

　また、結婚とは普通であればどちらかが亡くなるまで、つまり長きにわたって一緒に生活をすることになるのですから、結婚した相手を見て自分が異常に嫌だと感じる部分、気になる部分は相手の欠点であり、自分も同様の欠点を持っているんだということに、いかに早く気がついて、その部分を修正することで、気付くのが早ければ早いほど幸せも早く訪れることになります。

　さらに、相手のことをよく観察して、自分にもこんな部分がないかなと振り返って、修正していくことが重要なのであり、その部分を直した方が人生では勝ちですね」

　マスターのいう相手のなかの、自分が異常に嫌だと感じる部分、気になる部分は相手の欠点であり、同時に自分も同様の因縁である欠点を持っているんだということは、なかなか受け入れられないことであり理解することはむずかしい。

　だが、これが可能となれば、どんな相手の長所、短所についても納得し、受け入れて理解できるんではないかと思える。

　今付き合っている彼女の顔が、脳裏を横切っているから、余計に理解しようと思うのだが、それは『自分も、相手と同じ欠点を持っているから、その部分を責めるのではなくて、理解して、互いが人生で学んだことを生かしていけるように実行して、それを乗り越え人生の勝ち組になりたい』と改めて思った。
今日の話は、将来結婚したときに役立つ気がするので、自分の話のように聞き入ってしまう。

「夫婦での仲たがいは、結婚してすぐであっても、長い間嫌なことを我慢していても、時期的に因縁を片付ける時が来たら、些細なことが原因で問題として生じてきます。

このことを理解すれば、『人間とは、ただ生きるための目的ではなく、魂を磨くためにこの世に生まれてきた。だからトラブルは起こさず、その部分を修正するんだ』ということが分かってくるはずです。

花輪さんのご主人は、お酒を飲むと些細なことで怒鳴ったり、日常生活でも何か気に入らないとすぐ怒って、自己主張ばかりしているということですが、そのご主人の魂は体験によって知らなければならないし、清算しなければならないことがある時期なので、その様な態度を余計に表現するのでしょう。

そこで、花輪さんは怒っているご主人と同じ様に、その波動に同調して文句の反論とかをするから、余計に火花を散らすこととなり改善できないのです。

例えば、その怒りを違う形にして無事に収めるようにするとか、相手の心根を直したいのであれば、相手の言うことをよく聞いてあげ、理解して相手の気持ちになってあげれば、相手は自分の言うことを聞いてくれるようになるはずです。

そして、『出来ぬ堪忍するが堪忍』とか言われる諺がありますが、嫌いなことでも、嫌な相手でも『許す』ということにより、自分が成長することになるのです。

ところが、相手と対等であったり、自分の意見を相手に押しつけ、自分の考え通りに行動してもらいたいと考えるとか、お互いに争う仲であったりすると、相手は絶対にこちらの言うことを聞いてはくれません。

例えば、ご主人が酒を飲みたいと言うなら、喜んで飲ませ、美味しいと自分も感じ、良かったと自分の喜びとなるような一段上の優しさというか、包容力のある心で接していけば、相手も自然に無茶なことはしなくなるものだと思いです。

当然ですが、そうであればお酒も体が悪くなるまで飲むようなことはありえません。だから、自分の言うことを聞かせようと思うのでしたら、十分に相手の気持ちになって、聞いてあげることです。それは、相手の心の中の言いたいこと、出すものを全部出さないと空にならないから、自分の意見が相手の中に入っていかないのです。相手の心の中が不満で満杯の状態で、そこへ自分の言うことを聞かせ、入れようと思うから駄目なのです。

あなた自身もそう思いませんか。

自分の意見、言いたいことだらけの主張で一杯になっている時は、相手のことを絶対に認めないから色々な問題がぶつかってきて、相手とのトラブルがひどくなるのです。つまりあなたは、ご主人は聞く耳をもたないと思っておられるようですが、二人は同じ重さですからあなたも同じく聞く耳を持っていないということです。

あなたの場合では、ご主人が聞く耳を持たないでいるのだから、あなたが受け入れてあげる様にすればいいのです。

また、別な角度から見ますと、生まれ変わりが少ない人は経験数が少ない訳ですから、人とのトラブルを生じやすい訳です」

「主人は、私の言うことをほとんど聞いてくれないので、常にイライラしていただけでなく話もしたくなくなっていました。もちろんですが、その反面といいますか、私も主人が何か言えばイライラが先に立っていましたから、主人が何か言ってきても、また家で一緒に食事をする時などでも常に構えて対応していましたので、気の休まる時はありませんでした。考えてみれば、主人と同じことを、私は相手である主人にしていたということなのですね」

「そこで、今後どのようにご主人に接するとか、家庭生活を送っていけばいいのかということですが、相手の行った行為の全てを許して受け入れてあげることが出来れば、トラブルを起こした本人はともかく、許した人の魂は心向上していき、この世で人間として一回り大きくなれるんじゃないかと思います。

まあ難しいことではありますのは理解してます。ですが、何回も繰り返しますが、結婚とは自分の重さ、高さに合った相手としか結ばれないことになっていますから、頑固なご主人だったら、あなたも本当は頑固なのです。相手であるご主人は、その頑固を十分に演じて見せてくれていて、なかなか直さないということは、強情なのでしょうけれど、当然あなたも相当に頑固だということになるんですね。

しかし、自分が改まっていくと途端に相手が直りますから、これが心の法則だということが分かります。

つまり、夫婦はお互いの長所、欠点を照らし合わせる一対の鏡ということなのです。

この世での夫婦は百年と一緒に生活できませんし、あの世に行けば、この世では想像もつかないほどの長い時間を生活することになるのですが、相方とは一緒にいることはなく、互いに次元の異なる世界で生活することになるのです。

そして、この世でどんなに愛し合っていても、憎み合っていても、この世にいる間だけ夫婦として一緒ですが、あの世である霊界に行って百年、二百年と経てば、会いたいとの思いとか憎たらしいとの思いもなくなるのです。

だから、この世で生活する時に相手が色々なことを演じてくれるのですから、それがどのように変化していくのかを眺めていればいいのです。

この世は対立の世界なので、反応し動揺した方が負けてしまうということになるのですが、それはあの世も同じであり、自分の心の中では常にどのようにしようかと動揺し、対立しているのです。そこで、どんな問題が生じても自分の気持ちをいじくられないようにすることです。

また、生活が乱れて困る時、どこで締めようかと見ることが出来れば、自分の心を動かされないようにすることと、気持ちを切り替えられるようにすることが出来るようになるでしょう。

花輪さんは、離婚についてもお考えのようですから、それについてもお話ししてみますが、今、結婚、離婚に振り回されているのではないかと見受けます」

「主人と対等ではなく、もう一段上の次元から主人を見ていくことなんでしょうが、感情が優先しているので、直ぐには答えが出せません。また、主人と話す時には、良く聞いて言いたいことを吐き出さるということも理解できますが、これも今の状態では喧嘩になってしまうと思います。

ですから、離婚し、別々に生活したいと思うことが優先するので、離婚しての人生でのやり直しはきかないのでしょうか」

「離婚するとか、再婚して家を変えるということは、新しく作る因縁が大きすぎて大変なことです。ということは、先祖を変えるのと同じくらいだといえます。つまり、離婚することは、嫁ぎ先のご先祖を、捨てることになるのです。

女の人の場合、嫁に行くということは、生まれた家の先祖、実家の家系と縁を切り、ご主人の家のご先祖を祀りますと約束して嫁いで来たのに、離婚するということは、その約束を反故にすることなのです。

そして、再婚し幸せな人生になったとしても、それは今の自分の代だけであって、子ども、孫の代に、どのような因縁が現れてくるのか分かりません。

だから、二重、三重の荷物を背負うことになるので、あの世に行った時は、大変でしょう。

ですから、簡単に離婚をするという人は、片方の家の因縁を片付けていくことをやらなかったのだから、もう片方の家のことも当然しないとか、できないんじゃないかと思っています。

つまりは、離婚するということは、ご主人とあなたも、とても大きな因縁を生じるということになり、男性でも同じようなことになるのですが、女性の場合では、それ以上に大きな問題、因縁を背負うことになるから、因縁的に見れば女性は随分損な立場だと思っています」

「その通りだと思います。主人は好き勝手なことをして、しかも私を含めた周りの人に迷惑をかけているのに、その主人より私が改善しなくてはというのは何だか納得できません。私が離婚まで考えたのも、主人が原因なのに、その主人より私が原因なんだと聞こえるのですが」

確かに、家庭での因縁については、花輪さんの言われる通り、ご主人と比べると、その因縁解消では随分と不公平だと思われる。

「日本では男系の家制度が今も続いています。

結婚したら、名前を変えることになっていますが、多くは女性が変え、男性が変える場合は婿養子として、当然ですが女性の家に入ることになっています。

私は、日本の風習と家系の流れ、これは因縁の流れとご理解していただいてもいいのですが、男性の家に嫁ぐという形を支持します。

今、世論では、夫婦別性でもいいとか、外国では別性だとか論議されていますが、まだ日本においては好ましくないことだと思います。どうしても、日本の戸籍制度を受け入れられないなら、別性を受け入れる外国に行って住み、結婚しても籍を入れなければ良いんですから。

話を戻しますが、花輪さんが納得せず、ご主人にはお構いなしで、しかも、すべて自分が原因だということで、それは理不尽だと思われるのは当然だと思います。もし、花輪さんのご主人がここにご相談に来られたら、あなたにお話ししたことをそっくりお話ししています。そして、お帰りの時に今あなたが言われた通りのこと、理不尽だと話されるのではないかと思います。

つまり女性であっても、男性であっても正論は変わらず、説明であなたというところが、ご主人と言い換えるだけで使い分けはしません。なぜなら、相談されている方が一番ダメージを受けていて、どうしたらいいのか判断ができない状態なので、それを解決するには自分が変わるのが一番手っ取り早いから、こうしてお話しするのです。

そして、重要なことは家に流れる因縁、その家の人の持っている、果たさなければいけない因縁である欠点は、家により因縁は違い、人様々の持つ因縁も異なるのですが、それらを誰が何をするというのではなく、必然的に片づけていかなければいけないものだということなのです」

「なるほど。今のお話でずいぶんと理解できた感じがします。それと、悩みを聞いてもらえアドバイスをいただいたからか、肩の張りがかなりとれて楽になってきた感じがします」

「それは良かった。

あなたがここで話をお聞きになっておられたように、あなたを守っておられる背後霊も一緒に聞いておられ、その背後霊はこうしてあなたが理解、納得されていることをとても喜こばれています。苦労と思っていることの荷が少しずつ軽くなるのではないでしょうか。

それと、因縁が次々と生じてくると言いましたが、軽い問題とか、重く苦労をするような問題であっても、その方が片付けられない問題は生じてきませんので、心して因縁と対してみてはいかがでしょうか」

「とても貴重なお話、本当にありがとうございました。今まで、色々な方に相談し、病院にアルコール依存症治療の入院の相談までしてきましたが、この様なお話をお聞きしたのは初めてです。

新しい世界が開けたような感じがして、嫌な主人の顔も少しは違って見えるかもしれません。

これから平均寿命まで二十年以上ありますけれど、元気でどのくらい生きていけるかわかりませんが、その長い間出来るだけ主人と上手くやっていくように、お話していただいたことを忘れずに試みてみます。ご相談料は如何ほどお渡しすればいいんでしょうか」

花輪さんは椅子から立ち上がり、来た時から、十歳は若返ったのではと見間違うほどで、丸かった背中も伸びた感じだ。

「玉やでは、相談料は頂いておりませんので。コーヒー代だけで結構です」

マスターに深々と頭を下げ、ギィとドアを鳴らし木枯らしのなかを歩き出して行った。

窓から見送る姿は、相談していた時とは違っている。

風で舞い上がる木の葉につつまれてながらも、寒風をも跳ね除けそうなしっかりした足取りである。

第七章

変な音が聞こえてくる家

ある日始まった不思議な物音

秋風が吹き始め、涼しくなったと感じる季節だが、今年は異常気象なのか、それともネットで評判の気象兵器が攻撃しているからなのか、台風が続けて発生し日本を襲ってきている。

しかも、ずいぶんと大型で、台風の通過した地域では、被害も甚大と新聞テレビで報道されている。

今日も朝からご多分に漏れず、台風十一号襲来で前線が刺激され、強風と傘の骨が折れてしまうほどの大雨である。交通機関の混乱が生じ、そのあおりを食い、それでも何とか午後に出勤できた。

しかし、アポイントを取ってあったお客さんも同様に遅れたり、出社困難の人がいたりで後日打合せということになってしまった。

今は、台風が伊勢近くまで迫っているらしく、前線が刺激されているためか、雲は強風により新幹線並みのスピード移動している。だが幸いに雨は今小ぶり程度で済んでいるのが救われる。

夕刻からまた、大雨強風という予報に、本格的に降る前にどうするか、予定を考えつつ足は『玉や』に向かっていた。

ドアを開け中に入ると、私と同じような考えなのか、店内はビジネスマンで半分ほど席が埋まっている。

いつもの席はと見ると、マスターの前のカウンター席は空いている。

マスターに、「玉やブレンドをお願いします」と伝えつつ座った途端、スッとスペシャル玉やブレンドコーヒが出てきた。

「マスター早すぎですよ！」思わず言ってしまった。

「佐々木さんの足音が聞こえたから準備していました」と平然とした顔で答える。

もちろん外の通りを歩く足音が聞こえるわけはなく、聞こえるのは時折、強風であおられる窓枠のガタガタという音だけだ。他にもお客さんがいるので忙しく、誰が店に入ってくるのかが分かるはずもない。また摩訶不思議な現象が目の前で起きた。

最近、ウエストが気になりだしながらも、この後の仕事予定をどうしようかと考えながら砂糖二杯とミルクを入れて一口。

カップを置いた途端、ドアの音がギイと鳴った。

吹き込む強い風と共に、背の高い中年の男性が入ってきて、レジの横でアルバイトの坂本さんに話しかけている。

『人生相談だな』

その男性は、つかつかとマスターの前、つまり私が座っている二つ置いたカウンター席へ座った。黒のビジネスバッグを膝の上に置き、中から何か書いてあるA4サイズの紙を取り出し、手に持ったまま、マスターに「あの、ご相談したいのですがよろしいでしょうか」と、問いかけた。

『やったー』と心の中で叫び、『私も、能力が高まった。相談で来た人だと分かった』でもこれは、誰でも分かることか…。

毎回そうだが、今回も少々反省しながら前言を打ち消す。

「はい、結構ですが、お時間は三十分ということでよろしいですか」

「はい。どうぞよろしくお願いします。では、お話ししてもよろしいでしょうか」

随分と焦っているようだ。

「その前に、お名前とご連絡先を教えていただけますか」

「あ、すみません。そうでした。ここに書いてきました」と、手に持っている用紙をマスターに渡した。

マスターはその用紙を見て、「四宮誠さんですね。今は青梅市にお住まいなんですね。それで、ご相談内容はどのようなことでしょうか」と相談内容を知っているのか、知らないのかポーカーフェイスで聞いている。

男性は、結構仕立ての良いダークスーツを着ていて、髪に白いものを見かけるビジネスマン風の雰囲気だ。

『たぶん、会社ではやり手の部長さんあたりかな』と、相談者の四宮さんを値踏みする。

「実は、私の家は一戸建ての二階家なんですが、その家で色々な音がするのです。

仏壇でお線香をあげている時に仏壇の中で、バキとかポンと音がしたり、部屋の一角でもやはりバキとかギシギシと音がします。

毎日のように音がするので、音のする方向をデジタルカメラで撮ってみたら、白い丸い玉のようなものが数多く写っていたんです。

それからは音がするたびに写真を撮っているのですが、かなりの確率でその白い玉のようなものが写るので、気持ち悪くなってきまして、だいたいこれは何だろうと思ったのですが、家族も分からず、友人は『何かの影が写ったんだろう』と、そっけない回答で困っていたところ、ある人から、玉やさんのことをお聞ききして伺った次第です」

「いつ頃から、音がするようになったんですか」

「えーと、二年くらい前に前の住人が田舎に帰ることになり、売りに出されたのを中古で購入してしばらくしてからですので、一年半くらい前からです」

　部屋で音がするということは、アパート、マンションなどの集合住宅では、建物全体が強風などでヨレたりするとか、上の階の住人に小さい子がいて走り回る音が響くなどがあるが、それとは違うのだろうか。

　写真に白い玉が写る？　四宮さんが空気中の埃をデジカメが捕らえたんじゃないかと思うが、マスターはどんな話をするんだろうか。

「四宮さんを、新撰姓氏録《しんせんしょうじろく》という古代の氏の出自を記した書から見ますと、大国主命をお祀りしている出雲大社とご関係があるようです。素晴らしいご先祖をお持ちなんですよ。

　平安時代中期頃から名前の系列として、源氏、平家、藤原、橘と区別されるようになってきたのが今日まで続いていて、日本人の先祖はこれらのいずれかに属しているといわれています。

　また、江戸時代の武士は、特に家柄を重要視したので、家系はこの名前のいずれかに属した様で、四宮さんの先祖は源氏の家系のようですね。

　江戸時代中期に静岡県の神社の宮司さんに就いたことで、四宮さんの家系がスタートとなったようですね。

　ですから、先祖が神社に関係があった四宮さんは、いわゆる霊能力を持つ様になったようで家の中の音とか、白い玉を写すようなことが起こるのでしょう」

　いきなり何なんだ！　名前だけでルーツが分かるんだろうか。そもそも四宮さんが源氏の家系だということが、何で分かるんだろう。

「私の先祖が、神社の宮司を務めていたのですか？

　しかも、出雲大社と縁があったとは、すごい先祖だったんですね。

そういえば、祖父から先祖は静岡県のどこかのお宮さんの神官をしていたと聞いたのを思い出しました。しかし、名前を言っただけで出自が源氏の家系や、静岡出身ということまでおわかりになるとはびっくりしました。

確かに、私が会社勤めで東京に引っ越す前の大学生の頃までは、下諏訪岡谷駅の天竜町に亡き両親と住んでいました。

でも、それが音とか白い玉とどんな関係があるのでしょうか」

「なぜそんなことがわかるのかとお思いでしょうが、四宮さんのことをわかるのは、四宮さんがご相談され、私の背後霊が四宮さんの経歴とかの情報を四宮さんの背後霊から教えてもらい、それを私に教えてくれたからなんですよ」

「背後霊と会話しているのですか？　その背後霊という存在は、私の後ろにいるのでしょうか？」

「そうです。皆さん一人ひとりの後ろには、たくさんの背後霊が付いているのです。

そして、必要に応じてアドバイスや、その人がこの世での使命を果たす手助けをしたり、事故を起こさないように守っていたりするのです。背後霊という存在自体を、そもそも知らなかったり、知っていたとしても背後霊とのコンタクトの取り方は、大半の方はわからないでしょうから、背後霊からの通信、つまり霊信を受け取ることが出来ないようなので、私はそれができるので、こうして皆さんにお伝えさせていただいています」

なるほど。あまり聞かない話で今日もなかなか興味深いぞと、不謹慎ながらワクワクしてきた。

白い玉と音の正体

「まず、白い玉について話す前に、音がする現象についても話していきましょう。それは、ラップ現象と言われていて、心霊科学の発端となった現象なのです。

詳しく話していきますと、アメリカの心霊主義者により一八四八年三月三十一日を「心霊科学発足の日」と決められているのですが、それは、ニューヨーク州ハイズヴィユに住む、フォックス家のマーガレットとケイトという二人姉妹により明らかにされた殺人事件が発端となりました。

実際にあった話で、それは、フォックス家がハイズヴィユに建っていた家に引っ越してきたところから始まります。その家に越して来てしばらくすると、絶え間なく寝室や地下室でラップ音が鳴りはじめ、そして、家具などを引きずるような音までするようになったそうです。

そこで、初めは怖がっていたものの、次第に慣れてしまい、妹のケイトが、パチンパチンと指を鳴らして、音が鳴っているところに向かい「真似をしてみて」と言うと、同じ数だけ叩く音がします。

「あなたは霊ですか？　もしそうならラップ音を二回鳴らしてください」と言うと、即座にラップ音が二回鳴って家全体が振動したそうです。

その後、近所の人を呼んで、この存在とラップの公開交信会なるものを行ったのですが、そこで分かったのは、ラップ音を鳴らしている存在は、チャールス・ロスナという行商をしていた人間だったのです。

このチャールス・ロスナは、この家で殺され地下室に埋められていたのです。

遺体の一部が発見されたのですが、まさに事件の真相を解明したのがラップ音だったのです。

この一件により、このラップ現象はアメリカで評判となったそうです。

探偵小説家で心霊研究家でもあったコナン・ドイル氏も認めていた現象だそうです」

「コナン・ドイルとは『シャーロック・ホームズ』の作者ですよね。スピリチュアルも研究されていたのですか。そうなるとこの現象はお墨付きをもらったようなものだったのですね。」

「確かに、コナン・ドイルが認めたとなればその様に思われるでしょうが、現実にはインチキだと言う反対論者も多くいたようです。

四宮さんの現象について話を戻しますと、今回の音もフォックス家同様、何か不幸な形で亡くなった死者たちからのメッセージなのかと思われるかもしれませんが、そうではないようです。

ごく普通に亡くなったご先祖様からの『私たちはここにいるよ』というメッセージのように見受けられます。ですから、前に住んでいた方などとの関係もないようです」

「音の正体はご先祖霊さまからのメッセージだったのですか？」

「そうです。ですから安心していただいて結構です。

そして、白い玉のようなものが写真に写るということですが、それはオーブという生命体のようなもので、写す側と写される側のいずれか、または双方に霊的能力がある場合に写ると言われています。

日本では昔から「玉、魂、玉響」などと呼ばれていて、万葉歌など書物にも記載されていて、歴史的にも存在を示されているものなのです。

オーブの写真を大きくして見てみますと、ただの白っぽい丸のもの、丸の中に色々な模様の入っているものとか色のついているものがあります。

オーブは、神社、仏閣とか、事件があった場所などでは写る確率が高いようです。

私も、数年前ですが、毎年十一月に斎行される出雲大社の神事の神迎祭に参加したことがあり、夜の稲佐の浜での神事の時に何枚か撮った写真の全てに、数えきれないほどのオーブが写っていました。それには神迎祭に参加された八百万の神がオーブとして写っていたんじゃないかと思っています。そのすべてのオーブには、球体の中に細胞の組織の様に模様が入っていました。

また、長野県伊那郡の分杭峠は中央構造線上にあり、エネルギーの凝縮したゼロ磁場で、パワースポットとして有名ですが、ここでもオーブをかなりの確率で写すことが出来るとその方面に詳しい人たちには有名です。

まあ今はみなさん神社などに行って撮影した写真にオーブが写っていたとSNSにアップしていたりするようですよ。

そのオーブですが、必ずメッセージが含まれていて、メッセージを伝えに来ているということです。

例えば、結婚式場でのオーブであれば、亡くなられた身内や友人の霊がオーブの形でお祝いしていると思えますし、遺跡などでは、そこで過去に亡くなった方々がオーブとして存在を示しているんだと思えます」

「オーブとは、昔から日本では知られていたのですか。

確かに、日本では奇妙なことがあると、神の祟りとか、すぐに霊のいたずらと悪い方向に持っていきますが、それについての科学的研究は聞いたことはありません。現実には、科学で割り切れないことがかなりあると思いますから、科学者は否定しないで解明するために研究したら真実を見い出せるのでしょうに。もったいないですね。理解していただきうれしいです。

「ほんとにそうですね」

四宮さんの家での現象は、家系が神徒系なのと、元々霊能力をお持ちなので感じる力が強いことと、今のお歳になってこの様な現象が起きているというのは、ご先祖からの何かしらのメッセージが来ていると思います。ですから、何気なく写した写真にもオーブが写り、ラップ音を身近で感じるようになったんだと思います。

以前、相談を受けた方の例では、四宮さんと同じようにラップ音で悩み相談を受けたので、視てみますと住んでいる家と土地が原因でした。丘を整地した造成の住宅地の戸建ての家で、近くにお墓があり、典型的な霊道といいますか、霊の通り道の場所でした。

それだけでなく、その造成地の一角は昔の墓地でもあったのです。そして、そこに相談者の方が家を建て住んだことで、四宮さんと同じ音のする現象が起きるようになったのです。

その現象を視ていくと、以前の墓地は整理され移転したのですが、埋葬された方々の霊は、その場所にまだ居続けているので、そこに断りもなく見ず知らずの人間が住み始めたので怒り、ラップ音となったようです。

相談されたタイミングと、対応が早かったため、家族の方に病気、事故とか精神的な疾患は生じなかったようです。対応が遅いと、もっと大きなことになっていたかもしれませんので不幸中の幸いでしたね。

それから、時間はかかりましたが、土地の浄化と、そこに埋葬されていたであろう方々の、霊の浄化向上を願うようにお祀りをさせていただきました。

その結果、ラップ音もなくなり今は落ち着いた生活をされているようです。

ですので、土地を購入して家を建てる場合、その地区、土地の歴史を調べてから決めることが大切で、安いから、交通条件が良いからということだけで物件に手を出すと、後で大変なことになりますからご注意いただきたいですね」

「そういえば、新居を建て引っ越しをしようとした方がその前日に亡くなったとか、工事中にご主人が急に亡くなり、結果として住むことが出来なくなったとか聞いたことがありますが、土地が関係していたんですか」

「十分に考えられます。土地に関する因縁により、人が亡くなってしまうようなことまで起きるのです。それを防ぐには建てる前に、生まれた土地の守護神である産土《うぶすな》様にお参りして、『この様な事情で家を建てますので、完成後はそこに住むことが出来ますようにお願いします』とお頼みするのが一番です。

そして、工事前には神主さんにお願いしてその土地の地鎮祭《じちんさい》を行うことが大切です。地鎮祭をせずに、建てた家などの場合、そこを視ると土地の波動が乱れていますから、常に何かごたごたが生じるんじゃないかと思います。

そのほかに、新築したとか引越しをしてそこに住もうとする方を、私が心霊的に視て、その方の後ろに『霊界に家が建っている』のが視えれば、工事完了後は新居に移ることができます。もし、『霊界に建っていない』状態であったらば、この世でいくら立派な住居を立てても、その方は住むことが出来ないことになるようです。

それは何かと言いますと、この現世は、あの世である幽世《かくりよ》の写し世であると言われる通りに、霊界にない家がこの世に建つことはないから、当然住むこともできないということになるのです。ですから、知らないからとか信じないと言っても、現実にこの様なことが起きているのは確かです。

それから、土地の神様である産土神をおろそかにしないことですね。家を建てる時などに、きちんとお祀りをするとか、筋を通したお願いをすれば、その方々を守ってくれるはずだからです。

また、土地に関係する因縁は表面上だけでは分かりませんので、購入する時は、事前にどのような土地であったのかと、地区の歴史などを十分に調べておくことが大切でしょう。

こうして四宮さんのお宅を見せていただきますと、近くに墓地がありますが、その墓地とか新しく造成された区画には、土地に関係する問題はないようなのでご安心ください。

でも、音がしょっちゅうするとか、写真を撮るたびにオーブが写るというのは困りますよね」

一気に続いたマスターの話で四宮さんはびっくりしたようだ。

「住所をお伝えしただけでこんなにいろいろな状態がお分かりになるんですね。

マスターの言われるように、家は造成区画の一角で、近くにお墓もあるのですが、その墓地とは距離的にも造成状況からも直接関係がないと思って購入したのですが、ほんとうに関係ないと聞き改めてほっとしました」

「イメージとすれば、意識を飛ばすということはドローンにカメラを付けて飛行し、ご自宅とか近所を地上とか上空から、見ている感じです。また、場合によっては自宅の中に入って各部屋を霊視することもできるのですが、これは依頼がなければいたしません。

その様にして、地理的に、構造的に何処がいいのか、悪いのかということが分かるということになります」

マスターの意識が移動して、『ドローンに付けたカメラの様に視える』とはわかりやすい。しかし、わかっても普通の人にできないし、初めて聞く人は信用できないんじゃないかと思う。四宮さんは理解できているのかちょっと心配してしまう。

先祖を祀る作法とは

「先ほどのラップ音とかオーブが写真に写ったとかの現象ですが、原因は先祖から子孫のあなたへのメッセージだと思いますが、四宮さんには、何か心当たりはないですか」

四宮さんは、急に話を振られたせいか、あわてて手を頭に乗せ何か思い出そうとしている。

「うーん、今すぐ何かといっても、思いつくことはないですけれど。

ただ、先祖ということで考えてみますと、兄が四宮家を継いでいるので、すべて任せているので、私は、先祖のお墓の管理や、仏壇の位牌にお参りはしていません。ですが、たまに実家に帰ってみると仏壇の扉は閉まったままで埃が付き、扉を開けた形跡がないですね。もちろん、神棚の榊もドライフラワーになっていて、お祀りは全然していません。

私が以前、『お線香ぐらいあげなよ』と兄に言ってしまい、けんかになって以来お祀りについては話したことはありません。

それで私に先祖が文句を言ってきているのでしょうか」

「お兄さんがそれでは困りますね。先祖のお祀りは長男の役目であり、先祖代々の霊をお祀りすることと、神棚を設け産土様はじめ神々をお祀りするという約束をして使命を持ち、その家に生まれてきているのですが、その約束を反故にするということになりますからね。そうすると、今幸せだとしても続かないですよ。お兄さんの家系の子孫は、幸せが少しずつ遠くなっていくんじゃないかと思います。

つまりは、長男、次男を問わず家族の者が先祖のお祀りをするということは、先祖の方々が喜び子孫の者を災難から守ってくれるとか事業の繁栄を支えてくれることから、結果として幸せが来て、その幸せは次の時代、つまり孫、曾孫と続いていくことになるのです。

もちろん、その逆で何もしなければそれなりの結果が現れるということになるのです。

このことは神官をされていたご先祖様は良くご理解されていたと思いますが、お兄さんは少し残念ですね。

出雲大社の祭神である大国主命は、幽世の世界も司っているため、亡くなられた方のお祀りもされていて、そのお祀りするための祝詞もあります。その祝詞には、『今の自分は、神代の時代より、代々と伝えられている遠い祖先からの形見として現されている姿なんでですよ』との意味が書かれています。

この意味はお分かりと思いますが、今の自分のこの体はいつの世からか分からないほどの昔から、ご先祖の血が流れており、六十兆の細胞、そしてその中にある遺伝子にもご先祖の思いとか、経験、体験、そして多くの因縁を含め引き継いでいるのです。

ですから、あだおろそかにしてはいけないんです。多くの方は、人生は今の一度しかないと思うため、亡くなられた過去のご先祖のこと、将来のこれからの子孫のことを考えないで自分勝手な行動に走るんですよ。

お兄さんも気持ちを改めてくれると良いんですけれど、なかなか難しいですかね」

「そうですね。

兄は頑固者であまり人の話は聞かない傾向があるので、こちらからの忠告は無理かと思います。正直兄弟仲もあまり良くはないです」

「そうですか。人生を送る上で、一番損なのは頑固ということなんですがね。

人の意見を、十分に聞くようであれば、もう少し兄弟も仲良く、もっと楽な人生を送れるのですけれど。そうであれば、あなたがお兄さんの代わりに、仏事、神事の祭事をするしかないということなんですね」

「この自分の体には、古代から綿々と伝えられている先祖からの気持ち、情報が凝縮されて入っているのですね。兄も、かく言う私も次男だからということで、先祖のお祀りとかはしていませんでしたから、偉そうなことは言えないのですが、少し改めなければならないですね。まずは、どのようにお祀りしていけばいいのでしょうか」

「たとえ兄弟であっても、結婚によりお互いの戸籍も違ってきますから、長男であるお兄さんがするべきことをあなたがすることはできません。あなたが、しなければいけないことをお話ししましょう。

　先祖供養からお話ししますと、まず四宮家では、何宗でお祀りされているのですか」

「えーと、具体的に兄から聞いたこともなかったので、今の段階では分からないです」

「それでは、聞きづらいかもしれませんがお兄さんからお聞きして、ご先祖から信仰している宗派の菩提寺のご本尊をお祀りすることです。宗派が違うと、あげてもらうお経も異なりますから、先祖の方が困惑してしまいます。なかには、文句をいう先祖の方もおられるかもしれないです。

　仏壇は、専門店の業者に相談し購入して、あなたの家のための四宮家先祖代々のお位牌と、御祖父と御祖母、そしてご両親のお位牌を作ってもらうことです。それ以外の、ご先祖のお位牌は、あなたが次男ですので特に作る必要はないと思います。

　もしあなたが長男であれば、多くの亡くなったご先祖と約束して、この世に長男として生まれてきていますので、先祖から続く過去帳、お位牌を、お祀りしなければなりません。

　ですが、あなたは次男ですので、そこまでは必要ありませんので、先ほどお話ししました様に、お位牌を作ってもらったら、同じ宗派のお寺さんにお願いして、供養を執り行ってもらうといいでしょう。それから毎日、あなたはお仏壇にお水、お線香、お花をお供えして、亡くなっているご両親とご先祖の供養をするのが良いと思います。もちろん、食事を作ればご先祖に食べて頂くということで、お供えをし、何か頂き物とか、購入してきたものをお供えすることも忘れてはいけません。何故かといえば、家族の、子孫の皆さんがご先祖のためにお供えをするということは、肉体を持たないご先祖が食べることはないのですが、『ご先祖様のために作りましたとか、おいしいものを頂きましたのでどうぞ、食べてください』と、ご先祖への愛念を送ることになり、それが供養となるからです。

お線香は、三本上げるのが良いと言われています。その三本とは、天地人を表していて、天があり、地があって、その間に人間が生かされているということを表しています。ただ、宗派により解釈が色々ありますから、絶対ということはなく、お坊さんにお聞きするのがいいでしょう。

ご先祖に神官職をされた方がおられますから、神式でのご先祖のお祀りの説明をしますと、亡くなった方がおられたら仏式ではお通夜を行いますが、神式では、それを遷霊祭《せんれいさい》といい、そこでは神官により、仏式のご位牌と同じ解釈の霊璽《れいじ》へ魂が移されるようになります。その後に、霊璽を霊宮に祀る葬儀の御霊祭が行われます。四宮さんのお宅では、どうも神式による葬儀は行われていないようですから、先ほどお話しした仏式によるお祀りをされたらいいと思います」

「早速、近くの仏具屋さんで、言われた様に、仏壇の確認とお位牌を取り揃えてみます。それと、今住んでいる近くにお寺さんがあるので、本家と同じか確認して、そこでお祀りするのをお願いしてみます。兄貴の代わりにはなりませんが、私は私なりにご先祖をお祀りしていきます」

「それはよかった。ですが、四宮さんが注意しなければいけないことは、もしお兄さんの家族にお位牌とかお墓に関する問題が生じても、あなたの家族とは別ですから、あまり干渉しないことが大切です。

兄弟であれば情的に、『何とかしましょう』ということになるのでしょうけれど、心霊的に見れば少し冷たいようですが、あなたとお兄さんとは、お互い独立した家族を持つのと、別の家系ということになりますので、中途半端に干渉すればトラブルに発展して新たな因縁を生じることとなりますから、ご注意ください。ただ、魂的な大きな家族といいますか、類魂としてみればお兄さんもあなたもすべて、同じ系列になるのですが、あなたは、自分の家を守ることに努めることです」

「私は、まだお墓を建てていないんですけれど」

「そうですか。お墓は亡くなった方がおられなくても、家を構えたなら一基建立しておくことをお勧めします。いずれ、自分がその中に入るのですから、自分の入る次の家を確保するのが良いということです。

お墓を建立した時にしてはいけないことがありますから、それもお伝えしておきますと、墓石を設けた場所に、見栄えがいいとか、草が生えない様にとかの理由で、石板を敷いたり、砂利を入れる方がおられますが、実は、あまり好ましくありません。なぜかというと、石の敷石一枚、砂利一個がその家の因縁を表すので、敷いた分だけ因縁があるよということを表すからなのです。

ですから、まだ起きてもいない家の因縁をわざわざ呼び起こす必要はないですから、砂土だけを入れたままの方が良いと思います。砂土だけ敷いても、小石が砂土の中から出てくることがありますが、これは出てきた小石の数だけ因縁が現れてきた意味になり、その時は小石を取り除くことで、その因縁が取り除かれたということになります。

また、お墓に、先祖が好きだったからと樹木を植える方がいますが、あの世とこの世のルールは違いますので、これも絶対にご法度ですから注意してください。

この世の解釈でも、樹木は大きくなると墓石を傾けることになり、また木の根がカロート内に入り込んだりして、物理的にも好ましくありません。では、心霊的になぜいけないのかといえば、木の枝が墓石に触れることで、その部分に身体的障害とか悩みが家族に生じる恐れがあるからです。

つまり、この世の物理的解釈と心霊的解釈の二つの理由から樹木を植えてはいけないということになります」

「どこの墓地でも、砂利を敷いたり、石版に墓誌として亡くなった方の名前を書き込んでいたり、木を植えているのを見ますが、墓相上凶ということなんですね」

「その通りです。また、お墓を建てる人の好みで、将棋の形とか、野球のボールのような変わった形のものを建てる人がいますが、これもあまりお勧め出来ません。それは、自分の好みと亡くなった人の好みは当然違うことから、古くからお墓として思われているのではない形の変わったお墓に、先祖のお骨を納めるようなことがあった場合、そのご先祖がお墓に来ることを戸惑い、またその形を嫌うようなことがあるかもしれません。

そうすれば、そこのお墓には行き難く落ち着かないでしょうから、建てる時には良くお考えなさることです。

また、日本ではお骨を埋葬するのは墓地にと、墓地埋葬法で定められていますから、仏教的にでも神教的にも墓地のカロートにお納めするようになっています。

そのお墓ですが、一般的なお墓では三段くらいの石積になり、一番上の細長い石は竿石《さおいし》といいますが、ここの横とかに墓誌として、亡くなった方のお名前を書いたりしているケースも見受けますが、これは墓石の傷と見ますから、やめた方が良いと思います。ですから、墓石には正面に○○家之墓とか、宗派ごとに異なりますので一言では説明できませんが、経文の一部を書いたりするのと、裏側には建立した年月日と施主のお名前を書き込むだけの方が良いと思います。

　神式のお墓の場合は、先ほどのご説明とほとんど同じですが、竿石の部分は四角すいの様な縦長な形になっていて、そこに、『奥津城とか奥都城』と書きこむようにしています。

　この竿石が、なぜこの様な形なのかといえば、諸説ありますが三種の神器である天叢雲剣《あめのむらくものつるぎ》に似せているとも言われています。

　それと、世間では可愛がっていたペットを、家族と一緒のお墓に入れるということをしている家もあるようですが、これはペットにとって最悪のことですからご注意ください。動物であるペットと人間とは、住む霊界が異なっていて、亡くなった人は人間の霊界で進化向上を図り、ペットは動物世界での霊界で進化を図るので、もし人間のお墓に入れられたペットは、私たちが考える以上に居住まいが悪く、動物の霊世界での進化向上どころではなくなるからです。

　ですから、この意味が分からない方が、この世の判断でペット可愛さから先祖と一緒のお墓に入れてしまうようですが、どんなに可愛くても人間とは住む霊界が違うんだということを理解して、ペット専用のお墓でお祀りした方が良いと思います。

　それと、お墓に、先祖の方々の霊がお住まいになるように考えている方もおられるので、説明をしておきますが、原則としてお墓には普段は誰もおられません。

　子孫の者が、お墓にお参りに行った時に、そこで子孫の者の愛念を受けた先祖の方々が、そのお墓を集まり処として、お参りに来た子孫の者と会う場所になっているようです。

　ただ、注意をしなければならないのは、生前からお墓は亡くなった方がいるところだと思うご先祖もいて、その様な人はずっとそこのお墓に留まっていますので、先ほどの誰もいないということではありませんから、先ほど原則と言ったのであって、ここを誤解しないでください。

　そして墓地には、低い霊も多くいますので、お墓参りは明るいうちに行き、あまり墓地内をうろうろしない方がよろしいと思います」

　思い出したが、何年か前の紅白歌合戦で、男性歌手の歌うなかで『私のお墓の前で泣かないでください。そこに私はいません』という歌詞があったが、マスターはその歌詞と同じ説明をしている。いつもは、お墓に先祖の方々は住んでいないけれど、お墓参りするとそこが先祖の方々との会える場所、集会の場所になるという話は妙に納得できる。

　マスターの話で、四宮さんはやや引き気味になりながら答えていた。

「仏壇と両親のお位牌はお話しいただきましたので、早速お祀りしたいと思いましたが、神棚もないのですが…」

「そうですか。私は、神棚も仏壇と同じく設けて、お祀りするべきだと思っています。

　この機会に両方お祀りしたらよろしいと思います

よ。そのときには、仏壇も神棚も、お祀りする場所は東か南向きが良いでしょう。

そして、仏壇にはお花、神棚にはお榊を一対お供えしてくださいね。

神棚の神殿正面には天照大御神様をお祀りし、向かって右側は自分が信じる神様、産土様で、左側はどこかの神社にご参拝した時に戴いたお札をお祀りするのが、正しいお祀りの仕方ですのでこの様にお祀りされ、神前にお供えする御神饌《ごしんせん》は真ん中にお米、右側にお塩、そして左側にお水をお供えするようにします」

四宮さんは、忘れないようになのかしっかりメモまでとっている。

「さてそろそろ時間となりますので、この辺で終わりにしますが、家の中の音がご先祖さまをお祀りする良い機会になったと思いますので、ぜひこれからは、仏壇と神棚の両方に毎日しっかりお参りしてくださいね」

「ありがとうございました。いろいろと詳しく、私の出自までお教えいただき感謝いたします。

たくさんご相談に乗っていただきましたが、いくらお支払いすればよろしいのでしょうか。ご相談料は用意してきました」

「玉やは、喫茶店ですから相談料は頂いておりません。コーヒー代だけで結構です」

四宮さんは、『本当にコーヒー代だけでいいの?』と、一瞬怪訝な顔をしたが、マスターの顔を見て納得したのか和らいだ顔つきで、深々と頭を下げてから席を立ち、アルバイトの店員に代金を払っていた。

振り向くと、再度マスターに向かい深々と頭を下げ帰って行った。

　この三十分余りの時間、ずっと横で聞いていた私は、人間と霊の世界の境界が何だか混沌としてきた。

　霊の世界は、実は自分のすぐ側にあり、オーブという形で私たちへメッセージを伝えている。ラップ音で存在を知らしめている。

『心とは、魂とは、霊魂とは、では精神とは何なんだ』と、頭の中で心霊的世界が拡大していき、思わずその中へ吸い込まれそうになる錯覚を覚えた。

　思わず頭を振り、現実にある目の前のカップの中に半分ほど残ったコーヒーを飲み干し、氷はとっくに解けているコップの水も続けて飲み干した。

「これから会社へ戻ります」

　聞かれてもいないのにつぶやき支払いを済ませた。


玉やという異次元の世界から、ここも異次元かと思わせる混沌とした現実の世界へと出た。

第八章

天国のペットからのメッセージ

亡くなったペットがあなたを心配している

この夏は、とにかく暑い。

しかし、これが東京だけでなく、全国的に猛暑日が続いているというから驚きだ。

気象庁は、幾度となく『今日は、観測史上最高の温度を記録した』と上書きして報告する。

そして、『熱中症に注意してください』と、どのテレビを見てもしつこいほどに放送がされている。

私、佐々木勇も営業回りで体内水分が六十パーセントを切り、もうじきミイラになってしまうのではないかと恐れる。

何せ、風も絶えたビルの間に塊となって微塵も動かない熱暑、天空には遮るものが一つもなく、白い塊にしか見えない太陽からのチクチクと肌を刺す日差しと、アスファルトではその上を歩くすべての靴底、自動車のタイヤを焼き焦がしてしまうのではないかと思えるほどの照り返しの熱だ。

助けを求めるように木製のドアをギィと開けて玉やに飛び込んだ。

体感温度四十二度の、ギラギラとした白熱の世界から、飛び込んだ店の中は、暑さで視力までマヒしたんではないかと、店内の暗さに慣れるまで、店の中がしばらく何も見えなかった。

滝のように背中に流れ落ちる汗が、瞬時に凍りつくような快適さだ。

定位置のカウンター奥から二番目の席。

今日も運よく空いていた。

周りはと見ると、私と同じ発想なのか水分補給と涼を求める人で満席に近いくらいだ。

マスターは、いつものことだが、私が来るのを分かっていたかのような手際の良さで、アイスコーヒーを淹れながら、「アイスでいいですね」と聞く。

私も、予定通りのメニューだから「はい、お願いします」と答える。

目の前に出されたアイスコーヒーを、グラスの半分ほど一気に飲み込みフーと一息ついたと同時に、入り口のドアがギイと開いた音がした。

振り返えるが、外が余りにも明るいからか女性らしいシルエットしか見えない。

入り口で、奥さんと何か話し、そのままカウンターに向かって歩いてきた。

すかさず、『心霊相談に来たな』と感じた。

これも当然のことであまり予知とはいえないから、一人苦笑いをした。

私の定位置から、一つ座席を置いた席にその女性は座った。

心霊相談に来る人は、マスターと一番話しやすい席だからか、私が勝手に決めた指定席の一つ置いた席に必ず座るので、いつも観察するように横目でその相談者を見てしまう。

そう、年の頃は五十歳前後だろうか、髪に白いものが数本見える程度でまだまだ若く元気と思えるのだけれど、何か落ち込んでいる様子で背中を曲げた様子で座っている。

今日の様な暑い日にもかかわらず、長袖のブラウスで、しかもグレーだから余計感じるのかもしれないが、憔悴しきった感じが強く、横顔からだが、目は腫れぼったく見えている。

悩みが続き、疲れている感じそのままで、目の腫れは、たぶん泣き腫らしたんではないかと思える。

その悩みを解決するためにマスターへ相談に来た

んだろうと、自分なりのストーリーで、その隣の女性を見るとはなしに見た。

「ご相談がありお伺いしました。私の住所と名前はここに書いてきましたが、これでよろしいでしょうか」と、手際よくトートバッグからＡ４サイズを二つ折りにした紙を広げながらカウンターの上を滑らせる様な仕草ですっと差し出した。

当然ながら、マスターはこの女性が来るのを分かっていたんだろうと思うのだが、「お飲み物は、アイスコーヒーでよろしいですか」と聞く。相談のお願いへの返答をもらえない不安からか、「はい。お願いします」と、くぐもった声で返事をしている。

アイスコーヒーのグラスと、お水を合わせて女性の前に差出し、引く手で先ほどのメモを取り、さっと眺め「分かりました。ご相談をお受けいたします。但し、三十分ということでよろしいですね」と回答すると、その女性はもう心配事の思いが取れたかのように「ありがとうございます。よろしくお願いします」と、明るく返事をしたが、すぐに先ほどの疲れた感じに戻ってしまった。

マスターは、女性に向かい「松戸市の岩井民子さんでよろしいですね。メモにもありますが、飼っていた猫のミーちゃんのご相談ですか」

「ハイ、十四年間飼っていたミーちゃんの件でお伺いした次第です」私は、今まで幾度となく、マスターの人生相談のシーンを横から窺っていたけれど、ペットの相談は初めてだ。

ペットで思い出したが、佐倉市の実家で、私が小さい時にオス猫を飼っていた。

小学校五年生頃だったか、その猫が十歳位の時に道路に飛び出し、自動車に轢かれ亡くなったのを思い出した。

亡くなったということを学校から帰り、母親に聞かされ大泣きしたのだった。

猫の遺体は、夜に父親が会社から帰ってきてから、庭の片隅に穴を掘って埋めたんだが、そこでも、また大泣きしたのを思い出した。

その飼っていた猫の名前は、玉やさんと偶然にも似た『タマ』で、記憶にある幼稚園の頃では、よい遊び相手だったんだろううか、嫌がるタマのしっぽを引っ張ったりして遊んだ。

タマからすれば、『随分と嫌な奴だ』と思っていたんだろうけれど、子どもとしては自分中心の世界だから、そんなことに構わず遊んでいたが、大人になった今は、天国のタマに『ごめんね』というしかない。

特に記憶の深いところでは、タマのヒゲをハサミで切ってしまい、父親に『猫のヒゲを切るとネズミを捕らなくなる』としこたま怒られたことがあったが、これなんかタマとの懐かしい思い出だ。

マスターが、岩井さんに「ミーちゃんについて、どのようなご相談ですか」と聞いている。

私からすれば、マスターはもう相談内容が分かっているんじゃないかと思うけれど、話の進め方ではこのようになるのだろう。

「ハイ、ミーちゃんは十四年間も一緒にいた、子どものうちの一人のような存在です。

我が家は、四人家族で、息子は大学を出て就職し、今は函館に転勤で家にはいません。

娘は地元の高校を卒業し、就職して二十歳になると同時に結婚し、相手方の郷里である新潟に住んでいます。

ですので、今は主人と私の二人暮らしです。

主人は五十八歳になるサラリーマンですが、夫婦仲はあまり良くないので、会社から帰っても土日のお休みの日もほとんど会話もなくさみしいものです。

その隙間を埋めるのは、テレビを見るか、ミーちゃんとの会話しかなかったんです。

ミーちゃんは、頭がよくて、私の話していることをじっと聞いてくれていて、私のよき話し相手であり、ずいぶんと慰めにもなりました。

主人との会話が殆どない中でも、ミーちゃんを通している時だけは、昔のような感じがしていました」

「かわいがっておられ、心の支えになってくれているのですね。

ペットを飼うということは、色々な利点があって、散歩することで、飼い主の方も健康につながるとか、決まった時間に餌をあげることも含め生活のリズムが出来るという効果があります。ペットの面倒を見ることで生きがいを感じるので、人とペットの関係は健康や認知症予防にも効果があるようです。

また、多くの方が岩井さんと同じ様に、ペットには自分の本音を話されているようですよ。

ご主人との間の潤滑剤として、ペットをはさんで夫婦関係もそこそこうまく運べている家庭が多いというのもよく聞きます。

猫はもちろんですが、犬や最近ではエキゾチックアニマルを飼っておられる方も多いようで家族の一員として迎い入れられていますね。

家族間に潤いを与え、元気を与えてくれますから、今やペットは家庭での重要な位置付けとなっているようです。

全国で、犬を飼っている頭数は八九十万頭近く、猫九六五万頭近くまで飼育されていますから、これからも益々多くの方がペットを飼っていくんじゃないでしょうか。

毎年、大きな展示会でもペット関連のイベントが開催され、何万という人たちが参加されるのを見ますと、もう人間とペットとは切っても切れない間柄と思います。

それに殺伐な現代では、会社や近所付き合いの人間関係でストレスが溜まっていきますが、ペットは飼い主を裏切りませんし、また無償の愛を返してくれますから、好まれる理由となるのでしょう」

ペットが家族の一員ということは、ここ三十年くらいの間に言われるようになって来ている気がする。

昔、父に聞いた話だが、『外国映画の、家族と動物の触れ合いのシーンでは、家の中で家族がソファーに座りテレビを見ている横では、よくゴールデンリトリバーが一緒にいたんだよ』と聞かされた。その頃は、猫は家と外を出入りし犬は庭で飼うというのが一般的だったので、その話を聞いた時『外国って、犬も人間も同じ部屋にいるなんてすごいなぁ』と思ったものだ。

しかし、今の時代はこれが当たり前のようになっているので、時代とともに色々なものが変わり、当然それに伴う価値観も変わってきていると思う。

「そのかわいいミーちゃんが、二年前から急に私の話を聞いてくれなくなったので、『どうして聞いてくれないのかな？　耳でも遠くなったのかな』と心配したのですが、同時に大好きなフードも突然食べなくなって、歩く時もヨロヨロと足取りもおぼつかなくなりだしたので、近くの動物病院で診てもらったんです。

動物病院に行く前に、もしかしたら、との感じもありましたが、先生に『十四歳の年令となり、人間であれば八十四〜八十五歳位の年令ですから、食も細りますし、足腰も弱りますから、歩くときにヨロヨロとなるのは仕方がないでしょう。

そして、認知症の症状も少し出てきているようですから、これからはあまり無理をさせないで、優しく見守ってあげてください』と言われました。

私は、それを聞いた時に何となく分かっていたことでしたが、改めて言われると、心臓がドキッとして目の前が真っ白になりよろめいてしまい看護師さんに支えてもらいました」

「そうですか。

岩田さんだけではなく、私でも同じことを言われればとてもショックを受けますから。

人もペットも、若い時には当然元気ですが、年齢とともに肉体、精神を含め老齢化していくのは定めなのですが、現実にそんなこと言われれば、誰でも岩井さんと同じようなダメージを受けて当然だと思います。

犬も猫も、昔は餌とか生活環境があまりいいとはいえませんでしたから、十歳まで生存することはなかったんです。

もちろん、人間も然りで七十歳位で老齢となり、数年で寿命を迎える方が多かったようです。

人間を含めたすべての生物は、この世に生まれた瞬間から死への旅立ちの時を探すんだといわれていますが、時代とともに食べ物、生活環境が変化していき、人も動物も寿命が延びています。

いずれも、高齢化社会を形成するようになってきていますから、人も、ペットも社会問題化され、この問題は相当の年月の間、続くのではないでしょうか」

正確には記憶していないが、縄文期の人たちは三十代で亡くなっていて、戦国時代では織田信長が四十九歳で明智光秀に討たれる時に、敦盛の一節『人間五十年、下天のうちを比ぶれば、夢幻の如くなりける』と歌い舞って切腹したといわれているが、この頃は五十歳まで生きられたら長寿だったのだろう。

だけれど、マスターのいう様に、時代とともに人もペットも長寿化して、特に人に関しては、今は大きな社会現象となり、国も解決の手をなかなか打てない現状となっている。

「犬と猫は、昔から人に飼われ、長い付き合いをしていますから、色々な言い伝えの話とか出版された本があるので、そのあたりを少しお話ししましょうか」

「勉強のために、ぜひお聞かせいただければと思います」

本来、マスターは受けた相談について、解決に向け話を進めていくのだけれど、今回は動物の相談ということからなのか、何故かちょっと外した方向になっている。

「初めに犬からお話ししますと、江戸時代末期に活躍した文豪の曲亭《きょくてい》馬琴《ばきん》が三十年近くかけて著した歴史的な大作小説『南総里見八犬伝《なんそうさとみはっけんでん》』ですが、当時から大ブームで現在まで読み継がれ、当時からお芝居に、現代ではテレビの人形劇で放映されたり、映画化にまでなっている、犬と人間の絡んだ物語ということになります。

この小説の骨子《こっし》は、勧善懲悪・因果応報のストーリー展開で、里見《さとみ》義実《よしざね》の娘、伏姫《ふせひめ》と愛犬八房《やつふさ》との出来事と、伏姫が持っていた八つの珠『仁、義、礼、智、忠、信、考、悌』を持つ八犬士が、里見家再興のため大活躍する内容になっています。

この珠については、道徳観まで述べられていて、『仁』の珠を持つ犬士は、すべてのものに愛情を注ぎ慈しみを持つ犬江《いぬえ》親兵衛《しんべえ》仁《まさし》であり、『義』では、義理の義であり利害を捨て人のために尽くす犬川《いぬかわ》荘助《そうすけ》義任《よしとう》の犬士、『礼』は犬村大角礼儀《いぬむらだいかくまさのり》の犬士で人の行わなければならないとされる社会道徳、礼儀作法を意味しています。

　また、『智』は犬坂毛野胤智《いぬさかけのたねとも》の犬士で、知恵であり物事を理解しわきまえていることを意味する名前が付けられています。

　後の、忠、信、考、悌についてもそれぞれの意味である名前からの性格を持った犬士で、小説の中では大活躍をしています。

　私は、若い頃にこの小説を読んだのですが、人物像を巧みに書き分け登場させそれぞれに大活躍もさせているので、ページをめくるごとにうれしくて、ゾクゾクしながら読んだのを覚えています。」

　なんだか相談と関係あるようなないような気もするが、岩井さんは真剣に聞いている。

　マスターが話を続けようとしたところに、注文が入り「スリーアイスお願いします」と、奥さんがレシートを差し出すと、「ウン」と顔返事でグラスを三個並べ、そこへ手際よく氷をスコップで三分の一ほどずつ入れ、冷蔵庫から取り出したボトルからアイスコーヒーを注ぐ。

　まさに連係プレーといえる動作で、お客さんに『どうぞ』と、提供する。

　新規で三人のお客さんが来たので、テーブル席はほぼ満席状態だ。

　沢山のお客さんが、火照った体で店内に入っても、さすがにエアコンの能力は高く、ほとんど温度上昇は感じない。

　だが、冷え過ぎとなっていないのもうれしいところだ。

　カウンター席は、幸いにも私と岩井さんの二人しかいないので、マスターも安心したのか話を続ける。

「猫は、古来人の心を読むといわれていて、主人が何キロも離れたところにいても、その場所が分かっているといわれています。夜行性ですから、夜中に何匹かの猫が集まっていたりすると照明も十分でなかった昔では、気味悪がられたようです。

江戸中期の『和漢三才図会《わかんさんさいずえ》』では、恐い話ですが、十歳を超えた猫は尾が二つに裂けた猫股の妖怪になり、化けて災いをなし、暗がりで花火を発したり、行燈の油をなめるなどの妖をなすと書かれてあります。

江戸後期の随筆『甲子夜話《かっしやわ》』では、高木伯仙という医師がある夜枕もとで音がするので目を覚ますと、飼い猫が首に手拭いを下げて立ち上がり、『猫じゃ、猫じゃ』を踊っているので、刀で切ろうとしたところ、逃げてしまったと書いています。

江戸時代には、このような話がまことしやかに伝わり、芝居にもなったりしたため、猫の飼い主は猫股にならない様にと、尾を切ったり、子猫が生まれ尾の長いのがいたらそれを捨て、短い尾の猫だけを育てたので、和猫と言われる短い尾の猫が種類として位置付けられるようになったようです。

ですから、今、飼われている猫の多くは尾が長いから、外国籍の猫か、ミックスということになります。

ジンクスとしては、三毛猫の雄は、現在でも船乗りが船の守り神として特に大切にしているようで、三毛猫に、ある種の船災害の予知能力があり船を守っているためなのかもしれません。

怖い話もありますが、返せばそれだけ、昔から現代まで犬、猫と人とは関わりが深いということでしょう」

お芝居で、殺された主人の仇を飼い猫が果たすということは何かで聞いたことがあるが、マスターの話は、いつもおもしろい。

「江戸時代の小説に、犬や猫と人間の話があったのですか。今は、猫も十歳以上は当たり前ですが、昔は人も犬猫も寿命が短いから、犬や猫が十歳を超えると妖怪になるなんて思われていたんですね。怖いようでユーモラスですね。

それに、猫好きにとっては、猫が船乗りの人たちのお守りになっているというのは、とてもうれしいです」

ペットからの想い

「岩井さんのところのミーちゃんの話から逸れてしまったのですが、具体的にどのようなことで悩んでおられるのですか」

マスターは、話の方向を相談内容に戻した。

いつもは、相談者と話しをする時には、頭の上の方をみて話すことが多いけれど、今回は膝の辺りとか足元を視ながら話している。

以前、マスターに『なぜ、頭の方とかを見ておられるのですか』と聞いた時に、『その方の後ろとか、頭の上の方に付いておられる背後霊様とお話をしながら、相談者にお答えをしているから、上の方を見ているんですよ』と言われたが、今回はなんで下の方ばかりを視ているのだろうか。

「動物病院に半年位通院し、ミーちゃんの治療をしてもらったんですが、だんだんと元気がなくなり、最後は自分では動けなくなったので、一週間ほど入院することになったのです。

ところが、入院して三日目に獣医さんから、『急いで来てください』と電話があったので、あわてて主人と一緒に、動物病院に駆け付けたのです。

病室に入りますと、点滴を受けている痩せ細ったミーちゃんが、治療台の上で横になっていました。

私が『ミーちゃん』と声をかけると、私の方に動かない頭を一生懸命向けようとしながら、小さい声で『ミヤー』と一声鳴いて頭を治療台に倒し、そのまま息絶えてしまいました。

先生から、『今、亡くなりました。ミーちゃんは奥さんが来られるのを待っていたんですよ』と言われた時に、頭は真っ白になりミーちゃんに抱き付き大泣きしてしまいました。

主人は私の横で、ミーちゃんを見て黙って立っていました。

それから一年半の間、今もそうですがミーちゃんのことが私の頭から離れず、思い出す度に涙が出て、買い物とかで外に出れば他の猫を見かけたりしては、思い出しとても辛いのです。

でもこの辛さは、主人には話すことが出来ません。それは、『猫のことで、いつまでも悲しんでいちゃだめだ』と相手にされないといいますか、ハッキリ言われるのが怖いからです。

そして、私の本心はミーちゃんが亡くなったのに、なぜ主人は私の気持ちを分かってくれないのかとか、この悲しみを夫婦なら共有してくれてもいいじゃないかと思うので、気持ちが癒されることがありません。

いつも頭から離れないのは、『ミーちゃんの体調を、私がもっと気を付けていてあげたらよかったんだ』とか『もっと早く、動物病院で診てもらうようにしていたら、ミーちゃんは亡くならずにすんだんじゃないか』と、私がすべて悪いんだといたたまれなくなるんです。

最近は、外に出るたびに、もう帰ってこないミーちゃんのことを思い出すことになるので、外出も控えるようにしています。

それに、ここ一年位は年齢もあるのでしょうが、私自身食欲もなくなり、それに体調も思わしくなく、医者通いをするようになってきたので、もう先も短いのかなと。

でも、死んでしまえばミーちゃんの傍に行けるから、それも良いなと思っています。

近所の奥さんからは『近頃、体調が悪そうだけど大丈夫ですか』と言われ、ことの経緯を話しましたところ、その方が玉やさんのことを知っていたので、『心霊相談をされては』と勧められて相談にお伺いしました。

私の体調もさることながら、亡くなったミーちゃんのことを、お聞きしたくてお伺いした次第なんです」

「十四年も、一緒に生活していたミーちゃんが亡くなったとは悲しいですね。

悲しみが続き、岩井さんの食欲がなくなるだけではなく、体調も悪くなるのは、とても困ったことだと思います。

話をお聞きすると、本当にミーちゃんのことを愛していたんですね。

亡くなったミーちゃんは、ご家族と元気に生活している時は、本当に幸せだったと思います。

ご相談について、お答えをしていきたいと思いますが、まず一般的な回答ですと、『飼っていたペットの死を現実と認め、もう帰ってこないのですから、あなたは亡くなったペットのことを考えない様にしましょう。

そして、趣味などがあればそれに打ち込むといい』というようなことになります。

しかし、相談者はそれでは、気持ちの解決はできないと思います。

なぜなら、悲しい気持ちの本質を、相談者自身も理解していないからなのです。

岩井さんの場合についての私からの回答ですが、心霊的な角度でミーちゃんの説明、なぜ亡くなってからずっと自分が悲しいのか、ミーちゃんが亡くなってから、自分の体調が悪くなった理由、今後どうしたらいいのかについてを、すべて心霊的な見地を取り入れお話ししていきたいと思いますが、よろしいですか。

それから、ご主人がミーちゃんの亡くなったことについて、何も感じていないようなお話でしたが、こうしてご主人のことを視ますと、ご主人の体の上に何か大きな蓋を乗せたような姿がみえます。

それは、『俺は、男だから人前で悲しみの姿を見せられない』との頑固な気持ちで、自分の悲しみの感情を抑えこんでいる、つまり感情に蓋をしている姿です。

ご主人も悲しんでいるはずですから、これからでもミーちゃんの亡くなった時の話でもいいと思いますので、一度お話しされてはいかがでしょうか」

「主人が悲しんでいたなんて感じませんでした。

私は、ミーちゃんのことがお聞きできれば、それだけで満足ですので、よろしくお願いします」

「そうですか、それではお話ししていきましょう。ミーちゃんが、やっと歩けるようになった赤ん坊の時、時間的には夕方ですか？　岩井さんの宅に迷い込み、それ以来飼われていたんですね。

それと、先ほど三毛猫の話をしましたが、ミーちゃんも同じ白色、茶色、黒色の三毛ですよね。

ただ、船乗りのお守り猫はオスですが、ミーちゃんはメスですね」

いつもそうだが、何で見たこともないミーちゃんの赤ん坊の時のこととか、色やオス、メスまでが分かるのだろうか。

しかも、岩井さんの家での飼い始めのことも分かるのは何でだろう。

実家の猫タマは、母が近所の方からまだ赤ん坊の時にもらってきて、ミルクをあげながら育てたと聞いているが、私は小さかったから覚えていない。

「どうして、それが分かるのですか。まだ、それについてはお話ししていないのに」と、岩井さんは不思議な顔をする。

私からお話するならば、『マスターは、岩井さんがご相談する前から全部分かっているんですよ。

だから、飼い始めのことも分かっているんですと』と、今までの経験から勝手に解釈するが、頭の中で正解を探すが、もちろんながら出せない。

マスターは、「岩井さんの膣とかに、ミーちゃんが肌を摺り寄せているんですよ。

あなたと一緒にここにきていて、ミーちゃんが私に話しかけてくれているから分かるんです。

こうして話している時にも、あなたの膝の上に上り丸くなってグルーミングしたりしてとても喜んでいます」

この話をした途端、岩井さんは突然ワーと泣き始めた。

何事があったかと思うほどの大きな声だったから、お店に沢山いる他のお客さんもどうしたのかとびっくりしたんではないかとあわてた。

横で聞いていないことになっているけれど、思わず大丈夫ですかと声をかけようと思ったほどだ。

だが、マスターは平然としているだけでなく、カウンター越しに岩井さんの膝とか足元を視て、ブツブツ小声で独り言を言っている。

一～二分経っただろうか、岩井さんはハンカチを目に当てながら、「取り乱してすみません。つい、ミーちゃんのことを思い出したものですから。

マスターが言われた、膝の上で丸くなってということなんですが、生前は良く私の膝の上に乗り丸くなっていました。

それで、一緒にテレビを見たり、私の話を聞いてくれていたりしていました。

それを思い出したものですから、すみませんでした」

「ミーちゃんは、あなたのことを『ママ』と呼んでいますね。

一年半前に亡くなってから、あなたがずっと悲しんでいることと健康についてずいぶんと心配していますよ。

そして、『ママが食欲もなく、このままだと病気になってしまうから、早く元気になって欲しい』と言っています」

マスターが、ここまで話すと、また岩井さんはハンカチを目に当て涙が止まらない。

私から見て、何でこんなに悲しいのだろうか。

実家で飼っていた猫が、亡くなった時は悲しかったけれど、その時が過ぎれば寂しさはあったが、悲しみは続かなかったので。

だが、横でマスターの話を聞いていると、亡くなってずいぶん経っても、ペットの方も飼い主のことを心配する情感は、人間と同じように強いと感じた。

いや、純粋なだけに動物の方が、人より余計に強いのかもしれない。

そうだ、以前読んだ雑誌にペットロスの記事があったのを思い出した。

それには、人も、ペットも高齢化を迎え、介護が必要とされるケースが共に話題になっていて、人間の場合は老々介護の話まで出ている内容だった。

ペットも同じで、おむつを必要とする老犬、老猫が話題になっていた。

そこで、老いれば当然亡くなるのだけれど、身内の家族が亡くなったのと同じように、またそれ以上に深く嘆き悲しむ飼い主がいて、その悲しみを誰にも話せず、一人で苦しみ延々と癒されることがない状態となるだけでなく、悲しみから立ち直れずに体調を崩す人もいるといわれている。

岩井さんの話はまさにそのペットロスそのものではないかと思う。

まだハンカチを目に当てているが、マスターは続けて「可愛いペットが亡くなれば、皆さんとても悲しまれます。

それだけ、可愛がっていたのでしょうし、家族の一員として迎い入れていたからだと思います。

今は、ペットとしてではなく、多くの飼い主はコンパニオン・アニマルとして、家族の一員として受け入れているからなのでしょう」

岩井さんは目からハンカチを離し、「飼い主が可愛がった分だけ、ペットも飼い主に精一杯の愛情で報いようとするんですね。

先ほど、マスターが『脛にすり寄っている』と言われた時は、いつもミーちゃんが、私の足にマーキングなんでしょうか、すり寄っていた時と同じ感覚がしました。

ですから、本当にミーちゃんがここに来ているんだと感じたので、余計悲しくなってしまったのです。

ミーちゃんは、亡くなってから、まだ私の傍にいてくれているのでしょうか。

それとも、成仏して天国へ行っているのでしょうか」

「仏教的にご説明しますと、人間も、動物も亡くなると、四十九日の間は中陰とも呼ばれていますが、この間は魂が地獄に行くか、天国に行くか定まっていないため、顕幽両界の間を行ったり来たり彷徨いながら、七日ごとに閻魔大王ら十王に亡者は裁かれ、その最後の四十九日目に最後の審判が下されて、決められた霊界層に旅立つとされています。

ですから、人の場合は四十九日法要を忌明けの日として、追善法要の中でも重要な日とされています。

これは、お寺さんなどでは広く法話としてお話しされている内容ですが、亡くなった魂がいずれの霊界に行くのかということが気になりますよね。

その魂の行く先は、天道、人道、修羅道、畜生道、飢餓道、地獄道の六道であり、この世界を生まれ変わりながら善い行いをし、徳を積む修行をして最終的には極楽浄土の世界である神界へ到達するのだといわれています。

お寺で見かける、お地蔵さんが六体あるのは、この六道の意味を表しているそうです。

では、ペットはどうかということですが、この世において人とペットの住む世界は同じですが、亡くなった後の霊界では異なって、一緒にはならないといわれています。

そして、動物の霊界でも階層があり、高い霊界から、低い低級霊とか言われる世界まで幅広くあるようです。

これは、お寺で修業をする犬がいると思えば、低級霊として人に取り憑き、幽霊現象など起こしているものもいるということでお分かり頂けるかと思います。

ですが、これも人間と同じで、転生を繰り返し、その動物種の中での魂の向上、つまりは霊性の向上に努めていると思われています。

そこで、無意味な狩猟とか動物虐待などで図らずも命をなくしてしまう動物は、人の自殺と同じ様に生まれてきた使命を全うできずに、その動物の魂の進化を妨げることになり、それらの霊界で苦しむこととなりますが、その虐待を与えた者も大きな因縁を引き起こすことになると言われます。

ですから、仕事として行う漁業、狩猟などは仕方ないとしても、趣味で行う殺生は慎まなければいけないということですね」

「そうですね。命は人間も動物も同じだと思います。そういえば、四十九日のお話ですが、私もミーちゃんが家にいるのが何となく分かりました。

具体的に、何がということは分かりませんでしたが、いつもいたソファーのところに、ミーちゃんがいるような感じがしたり、お水をあげていたところで、何もないのですが、水を飲んでいるんだなというような感じがしていました。

ですが、やはり亡くなってから、一か月と少しですから、四十九日過ぎた辺りからですか、そんな感じもしなくなっていましたので、あの世に行ったんだなと漠然とですが思っていました。

ミーちゃんは、寿命で亡くなったので、マスターのいわれる動物霊界で浄化向上しているのでしょうか。

でも、私の傍に来てくれているのを感じると、まだ成仏はしていないのでしょうか

「ペットが亡くなり、ペットロスになると、立ち直るのに相当苦労をすることになります。

それを、心霊的に注意しますと、あまりに亡くなったペットのことばかり思い続けることは、そのペットが現世に未練を残し、霊界での浄化向上、進化向上を妨げることになるのです。

それと、もっと良くないのはペットによる霊障も招くことになります。

これは、長い期間にそのペットを飼い、しかも擬人化していくことにより、そのペットの死後に飼い主が心的、身体的に著しい異常が生じる場合があり、これはペットロスによる体調不良もありますが、そのペットに飼い主が強い執着を持つための霊障も考えられます。

こうして岩井さんを見ますと、あまりにもミーちゃんのことを思うがために、自ら体調を崩しているように思います。

それは、ミーちゃんの霊界での進化向上を妨げ、成仏できないことにつながります。

それらを心配して、先ほどもお話しした様に、ミーちゃんは私から岩井さんに伝えてくださいと言っているんです。

それと、ミーちゃんは動物の霊界で目を覚まし、動物の背後霊の導きで、それなりの浄化向上をしているところですので、『ご心配しないでください』と、ミーちゃんが言っています。

岩井さんは、涙を流しながらも幸せそうな表情になっている気がした。

背後霊のやさしさ

「ミーちゃんが、あの世で浄化向上していると聞いて、安心したと申しますか、すごくうれしく思います。

その反面、私の傍から少しずつ遠くに離れていくようになるのかなと思うと、とても淋しくも感じますけれど。

でも、マスターのいわれたミーちゃんが傍で、生前と同じようにいるのはどうしてなんでしょうか」

「この世に生まれることは誕生といって、亡くなる時は帰幽《きゆう》といいますよね。

この帰幽とは、本来の故郷である幽界に帰るということを表しているのです。

ですから、この世で亡くなるということは幽界に生まれるということになり、この世の出来事は、あの世である幽界の写しだといわれるのですが、少しややこしくなったようですから、話を進めましょう。

ミーちゃんが亡くなってすぐの場合は、人も他の動物もそうですが、人は人の幽界で、動物は動物の幽界で寝ている状態なのです。

人でも動物でも、背後霊が付いておられますから、亡くなったばかりの霊の傍に付き添い、そのものが悟り、目を覚ますまでずっと付いていて下さるのです。

そして、特に亡くなってすぐのものは、人も動物も同じですが、この世に出てきて、家族とか友達に会ったり、話したりすることはないといえます。

では何故、亡くなった人とか動物とか、ミーちゃんの場合もそうですが、何故自分の傍に来て懐かしく触れ合ったり、『もう大丈夫だから、あまり私のことで悲しまないで』と、健康についても心配してくれるのかということですけれど、それは岩井さんの背後霊が、あなたを心配してミーちゃんの背後霊と話をし、あたかもミーちゃんが傍にいる様に体感し、見えるように取り計らってくれているのです。

ですので、先ほどのご質問で『ソファーの横に傍に居るように感じた』とか、『水を飲んでいる』と感じたりするというのは、まさにこのことだといえます。」

そうか、肉体の亡くなった魂だけの生き物が生前と同じようにふるまうのは確かにありえない。

あり得るとすれば、マスターの言われる背後霊が、この世に存在するかのように、我々人間に取り計らってくれるためなのか。

しかも、亡くなった人とか動物の霊魂が浄化向上、進化向上するようにと、ずっと付いていて、そのものが進化するまで見守ってくれているとはとてもありがたいというか、素晴らしいの一言だ。

私の場合、単略的に考えるから、『これからは、特に良く面倒見ていただくように、背後霊様にご挨拶しなければいけない』と、つい現世利益が優先してしまう。

マスターは続けて、「この肉体のないものが、三次元に生息するものの肉体に存在を示すことは、通常ではありえないことなのです。

ですから、巷でよく言われるような、あたかも亡くなった人とか、もちろんペットもそうですが、そのものが出て来て現世の人と話をするような事例を幾つも見受けたりしますが、当然ながらこの様なことは起こり得ないということになります。

ご質問の、何で感じるのかということなんですが、私がミーちゃんのことをはっきり視たり、会話をしたりするのとは異なり、岩井さんが傍にいるように感じる場合は、あなたの背後霊が可愛がっていたミーちゃんとのことを、先ほどもご説明しましたが『最後だから』とのお計らいにより、すぐ傍にいる様に感じさせてくださったんだと思います。

ですが、ここでやはり気を付けなければいけないのは、あまりに存在して欲しいとの念を強く持ち続けますと、低級だが、ある程度希望に沿う能力を持った、いわゆる低級霊が憑き、生前そのままの姿を現したり、声を聴いたりするようなことが生じてきます。

だが、これは決してミーちゃんでもなければ、亡くなった愛しい人でもありませんから、十分に気を付けていただきたいと思います」と重ねて説明をしている。

これはすごいことを聞いた。

それは、会いたいとか、ずっと強く思っていた時に、亡くなった人とかペットなどの姿、声を聴くことがあるとすれば、低級霊のいたずらの場合があるということを。

良く考えれば、そう簡単に亡くなった人の口寄せとか、姿を見ることはありえないはずだ。

あるとすれば、今夏だから一番似合うのが、幽霊か。

この幽霊は、マスターの論では低級な霊の仕業であり、現実にその亡くなったものが出て来るのではないとのことだから、怖がることもないと思うけど、でも出ればびっくりする。

「私は、ミーちゃんの死をまだ認めたくないという気持ちは残っています。

ですが、このまま悲しんでミーちゃんのことを追いかけるということは、動物界での進化向上を妨げることになり、逆に可哀そうなことになるということが良く分かりました。

しかし、まだ悲しみを吹っ切ることが出来ていないので、何とかしなければと思うのですけれど、私はこれからどのような気持ちで過ごせばいいんでしょうか」

「そうですね、心霊的にお答えするならば、ミーちゃんは亡くなって一年半経つのですから、もう二度と帰ってこないんだということを、なかなか難しいでしょうが心に納得させ、動物の霊界でミーちゃんの魂が、浄化向上、進化向上することを祈念するのが一番よろしいと思います。

そうすれば、ミーちゃんはとても喜んでくれるでしょう。

そして、この世に生きているもののことですから、心霊的ばかりではなく一般的な解決方法も取り入れるのがいいかと思いますが、これはペットロスという大きなストレスの解消にもなるので是非実行してみてください。

まず初めに、ミーちゃんが苦しまずに亡くなったことと、亡くなる時に『ミャー』と鳴いて挨拶をし、旅立ったことを思い出して欲しいと思います。

挨拶をして、旅立ったのだから、『さよなら』と気丈に送り出してあげることです。

次に、ペットを飼うということは、人との寿命の差がありますから、いずれペットの死を迎えるんだということを理解することです。

そして、これが重要ですが、ご主人もおられるのだから、あなたが一人で悲しむのではなく、ご主人とご一緒にミーちゃんの写真を見たり、元気で一緒に遊び楽しかった時のことを、悲しくなるでしょうが話し合うのがいいでしょう。

つまり、悲しみの共有ではなく、楽しかったことの共有をすることです。

これは、心の中に溜まった、鬱積したエネルギーを発散させることにもなるので、ぜひ、試みてください」

「マスターの言われるように、ミーちゃんが苦しまずに亡くなったので良かったと思います。

それと、亡くなった悲しみを、私一人の心の中で、どんどんと悲しみに悲しみを上乗せしていったようです。

これからは、主人とミーちゃんとの楽しかった思い出話をしてみようと思います。

なんとか、気持ちを切り替えていかなければ、そして元気にならないと、ミーちゃんに余計な心配をかけるので気を付けようと思います」


「どうですか？　ミーちゃんとの気持ちの整理はつきそうですか。

長い間の苦しみを、ご相談の三十分という短い時間で、理解し、片付けるということはなかなか難しいことだと思いますが、早く気持ちを切り替えるようにしてください。

ミーちゃんは、今も岩井さんの膝の上にいて、『一緒に遊んでいる時は楽しかったよ。ママが、悲しんでいるのは淋しいから、以前の元気な時と同じ様に立ち直ってね』と言っていますよ。

それではお約束の三十分となりましたが、大丈夫ですか？」

「ありがとうございます。

ご相談させていただき、ずいぶんと気持ちの整理が出来ただけでなく、心が軽くなった感じがします。

ミーちゃんが、私の膝の上に乗って、一緒のときは楽しく過ごせ、しかも私のことを心配してくれているなんてことをお聞きし、もう、うれしくて胸がいっぱいです。

とても面倒なご相談に乗っていただき、感謝申し上げたいと思いますが、ご相談の代金はおいくらお支払すればよろしいのでしょうか」

「相談される皆さんに、いつもご説明しているのですが、うちは喫茶店ですので、コーヒー代だけで結構です」

岩井さんは、入って来た時の憔悴しきった感じとは異なり、明るいご婦人に変身し、ゆっくりとドアに向かい歩き始めた。

私も、話を聞き終わってから、初めて聞いたペットロスでの悲しい物語を、飼い主の多くの方はすでに経験しているのか、これからしていくのかと、子どものようにペットを可愛がっている友人の顔を思い浮かべた。

もうとっくに、氷は解けた三分の一ほどグラスに残る、アイスコーヒーを一気に飲み干して気持ちを切り替え『自分が、その立場であれば同じように悲しい感情になるのかな』と思い巡らしながら、熱いアスファルトの上を歩きだした。

あとがき

最後までお読みいただきありがとうございました。

電車に乗ったときや、人混みを歩いていると感じるのは、現代人は、とても疲れていて、心のなかにある辛い気持ちや悲しさが覆っているということです。

それは、忙しい日常、我を忘れて働き、しっくりいかない人間関係のなかで疲弊している表れと同時に、元々日本人が持ち合わせていた「見えないものを敬うこころ」の部分がなくなっているからではないかと思います。

私は、縁あって心霊の世界の研究を始め、神官の資格を戴いた頃からいろいろな人の悩みを聞くことが増え、相談に乗ってまいりました。

その結果、不幸やアクシデントを引き起こす法則みたいなものが見えてきました。

本書は、そんな悩みへのアプローチ法を知っていただければと思い書き始めました。

すると、応援してくれている私の指導霊たちがいろいろな知恵を教えてくれるようになりました。

それは、夜、布団に入って寝ようとした時、朝、目が覚めた時、風呂に入っている時というリラックスした時に届きます。

「この部分をこの様に書き直すように」と数限りない霊信をいただき、その都度上書きして書き直して完成にいたりました。

人生を送るうえで、指導霊から守られ、いろいろな智恵を送ってもらうことを本書を執筆している期間の中でこれほどありがたいと思えたことはありません。

本当にすぐそばで見守っていてくれているのだと痛感し感謝しています。

今、社会問題化している歩きスマホ問題はといえば、電車でも、食事をしながら、そして授業中、会議中にも画面から目を離せない人を多く見かける毎日です。

これは、事故や死に至るような大きな悲劇を引き起こす大きな社会現象となっています。国会でもこの問題を取り上げ解決を図ろうとしていますが、本質部分を外しているようで、この解決は道遠しなのではないかと思われます。

また、ギャンブル依存症、アルコール依存症になった人を救うのはなかなかに困難であるといえますから、よほどのケアを考えていかなければいけないでしょう。しかし、本人の意思、努力だけではとても不可能だといえますので、これらの解決については拙書を参考にしていただき、見えない世界との連携で対策を講じられてはと思います。

人からの恨みの生霊の怖さについては、体験した人からの体験談を聞き書き進めるほどに、人を恨む怨念というものが、ここまで相手を責め苦しめていくということと、もし念を受けた場合、その者が対応するだけの力を持っていなければ、大変なことになるかもしれないということを痛感しました。

本書を通して多くの人に人生の在り方の見直しのきっかけとなり、さらに心霊についてのご理解を深めていただくことを願っています。

発刊にいたるまでの間、三楽舎の小林氏、上江氏には丁寧な指導をいただき感謝申し上げます。

本書がみなさまの「見えない世界」への扉を開くきっかけとなりますことを願っております。

著者

喫茶店のマスターは霊能者

2019年4月10日　第1刷発行

著　者　三好一郎

発行所　㈱三楽舎プロダクション
〒170-0005　東京都豊島区南大塚3-53-2
大塚タウンビル3階
電話：03-5957-7783
FAX：03-5957-7784

発売所　星雲社
〒112-0005　東京都文京区水道1-3-30
電話：03-3868-3270
FAX：03-3868-6588

印刷所　モリモト印刷
装　幀　Malpu Design（宮崎萌美）

ISBN978-4-434-25721-6 C0095

三楽舎プロダクションの目指すもの

三楽舎という名称は孟子の尽心篇にある「君子に三楽あり」という言葉に由来しています。

孟子の三楽の一つ目は父母がそろって健在で兄弟に事故がないこと、二つ目は自らを省みて天地に恥じることがないこと、そして三つ目は天下の英才を集めて若い人を教育することと謳われています。

この考えが三楽舎プロダクションの根本の設立理念となっています。

生涯学習が叫ばれ、社会は少子化、高齢化さらに既存の知識が陳腐化していき、われわれはますます生きていくために、また自らの生涯を愉しむためにさまざまな知識を必要としています。

この知識こそ、真っ暗な中でひとり歩まなければならない人々の前を照らし、導き、激励をともなった勇気を与えるものであり、殺風景にならないように日々の時間を彩るお相手であると思います。

そして、それらはいずれも人間の経験という原資から繭のごとく紡ぎ出されるものであり、そうした人から人への経験の伝授こそ社会を発展させてきた、そしてこれからも社会を導いていくものなのです。

三楽舎プロダクションはこうしたなかにあり、人から人への知識・経験の媒介に関わり、社会の発展と人々の人生時間の充実に寄与するべく活動してまいりたいと思います。

どうぞよろしくご支援賜りますようお願い申しあげます。

三楽舎プロダクション一同